まちがいさがしで
で楽(たの)しく学(まな)ぼう！

介(かい)護(ご)あるある

89のポイント

石本淳也 ｜ 監修
永田美樹 ｜ 著

中央法規

はじめに

　毎日、介護を頑張っておられる皆さん！　今、悩んでいることは何でしょうか？

　私はまったく違う分野から、利用者さんのお役に立ちたい、助けたいという純粋な気持ちで介護現場に飛び込みました。

　新人の頃は、知識も技術もなく、戸惑ってばかりでした。先輩のように上手く介助できませんし、利用者さんとのかかわり方もよくわからず、役に立つどころではありませんでした。

　そして仕事に慣れてきて、自分が先輩となり、新人職員に教える立場となると、自分ができることと人に教えることは、まったく違うことに気がつきました。わかりやすく教えることなど、なかなかできません。

　本書の企画はこうした私自身の経験をもとに、わかりやすい介護の入門書を作りたいという思いから出発しました。

　イラストを見て、間違い探しをする要領で、①認知症ケア、

②自立支援、③介護技術、④リスクマネジメント、⑤不適切ケア（虐待の芽）、⑥環境づくりの６つの視点に基づき、よりよい介護を学べる入門書です。

　一般社団法人熊本県介護福祉士会の石本淳也会長と会員の皆さま、介護職として働く私の友人たちに協力してもらって現場の声を集め、日常でよく見かけるシーンをイラストにして、それぞれに３〜５個のまちがえやすいポイントと改善点を示しました。

　日本語が十分に理解できない外国人介護職の方や時間がない新人介護職員、介護経験が少ない家庭介護者や学生の方でも、イラストを見て、ゲーム感覚で楽しく学ぶことができるよう、できるだけわかりやすく、見やすく工夫しました。

　きっと、この本は悩みながら介護を頑張るあなたの背中を押してくれることでしょう。

2024年10月　永田美樹

目次

はじめに i

本書の使い方 001

ケア場面別　介護あるある89のポイント 011

入所・入居施設サービス

Chapter 01
居室
モーニングケア 012

- Check_1 あいさつ
- Check_2 視野の広さ
- Check_3 トイレの位置
- Check_4 力任せの介護
- Check_5 車椅子の準備

Chapter 02
食堂
食事支援・環境 020

- Check_1 テーブルの高さ
- Check_2 食事の形態
- Check_3 食事のペース
- Check_4 食事用エプロン
- Check_5 食事をする環境（騒音）

入所・入居施設サービス

Chapter 03
浴室
入浴支援 028

- Check_1 本人の意思の尊重
- Check_2 移乗（トランスファー）
- Check_3 羞恥心への配慮
- Check_4 手すりの位置
- Check_5 湯加減

Chapter 04
トイレ
排泄介助 036

- Check_1 トイレのドア
- Check_2 排泄確認への配慮
- Check_3 職員の立ち位置
- Check_4 車椅子のブレーキ
- Check_5 更衣時の声かけ

iii

入所・入居施設サービス

Chapter 05
デイルーム
レクリエーション 044

- **Check_1** トイレ誘導
- **Check_2** 見守り（居眠り）
- **Check_3** 安全への配慮
- **Check_4** 踊りの制止
- **Check_5** レクリエーションの進行

Chapter 06
公園
お花見・大きな行事 052

- **Check_1** 車椅子の操作
- **Check_2** 椅子からの転倒リスク
- **Check_3** パーティーグッズ
- **Check_4** 見守り（一人歩き）
- **Check_5** 周囲の騒音

グループホーム

Chapter 07
リビング
生活支援 060

- **Check_1** 立ち上がれないソファ
- **Check_2** 車椅子の介助
- **Check_3** 立ち上がり介助
- **Check_4** 羞恥心への配慮
- **Check_5** 役割・生きがい

Chapter 08
居室
生活環境の調整 068

- **Check_1** 部屋の鍵
- **Check_2** 更衣支援
- **Check_3** 部屋の設え
- **Check_4** 時計
- **Check_5** 衣装ケース・タンス

Chapter 09
ショッピングセンター
外出支援 076

- **Check_1** 車椅子の操作
- **Check_2** 歩行器
- **Check_3** 階段の上り下り
- **Check_4** 歩行介助
- **Check_5** 商品の持ち帰り

Chapter10
リビング
夕方の時間帯 084

- **Check_1** 口腔ケア
- **Check_2** 配膳ワゴン
- **Check_3** 移乗介助
- **Check_4** 「ちょっと待って」
- **Check_5** 居室の目印

デイサービス・デイケア

Chapter 11
玄関
送迎（到着時） 092

- Check_1 後ろからの声かけ
- Check_2 手引き歩行
- Check_3 脳の誤作動
- Check_4 リフト操作
- Check_5 リフトのストッパー

Chapter 12
デイルーム
朝の時間帯 100

- Check_1 「座ってて」
- Check_2 職員が慌てている
- Check_3 血圧測定
- Check_4 体温測定
- Check_5 認知症の人を試す

Chapter13
デイルーム
レクリエーション 108

- Check_1 レクリエーションのレベル
- Check_2 車椅子のフットレスト
- Check_3 職員の参加態度
- Check_4 参加者への目線と声かけ
- Check_5 杖の位置

Chapter 14
食堂
食事支援・環境 116

- Check_1 食器
- Check_2 食事支援
- Check_3 食器の片づけ
- Check_4 職員同士のおしゃべり
- Check_5 部屋の設え

Chapter 15
浴室
入浴支援 124

- Check_1 洗身の介助
- Check_2 シャワーチェア
- Check_3 床の障害物
- Check_4 リフト浴
- Check_5 利用者さんを急かす

v

ホームヘルプサービス

Chapter 16
居間
生活支援 132
- Check_1 冷蔵庫内の整理
- Check_2 動線の確保
- Check_3 トイレの設え

Chapter 17
居室
食事支援・環境 138
- Check_1 食事中の姿勢
- Check_2 食事介助のペース
- Check_3 食事介助の姿勢
- Check_4 絵画の位置
- Check_5 服薬支援

ホームヘルプサービス

Chapter 18
脱衣所
入浴支援 146
- Check_1 羞恥心への配慮
- Check_2 室温の寒暖差
- Check_3 更衣支援

Chapter 19
浴室
入浴支援 152
- Check_1 苦手な動作をさせる
- Check_2 福祉用具の活用
- Check_3 浴槽との段差

おわりに 158

監修者・著者紹介 161

vi

How to Use
本書の使い方

　本書では、各項目の1ページ目に「不適切な介護をしている場面」のイラストを掲載しています。まずは、そのイラストを見て、どこが不適切なのかを探してみてください。

　ページをめくると正解のイラストが掲載されているので、答え合わせをしましょう。解説のページには、どこが不適切だったのかをクローズアップして説明していますので、正しい介護について学べるようになっています。

「不適切な介護」とは

　本書における「不適切な介護」は次の6つの視点で描かれています。❶認知症ケア、❷自立支援、❸介護技術、❹リスクマネジメント、❺不適切ケア（虐待の芽）、❻環境づくりです。これらの定義について説明します。

❶認知症ケア

　認知症ケアは介護技術のなかに含まれていますが、新人の介護職の方にとっては特に難しいと感じるポイントになるので、別枠で取り上げました。

　認知症とは、皆さんご存知のとおり「認知機能が働きにくくなったために、生活上の問題が生じ、暮らしづらくなっている状態」です。そうした認知症の人の行動を、認知症への偏見から、介護する側の視点で「問題行動」などと言っていました。

　しかし、2000年代に入ってから、認知症当事者からの発信が活発になってきて、「問題行動」と言われていたものは、周囲の不適切なかかわり方や環境が原因の「行動心理症状（BPSD）」だと理解されるようになりました。そして、支援次第で、認知症になってもその人らしく生きていくことができることがわかってきました。正しく認知症のことを理解し、本人の視点で捉えてケアすることが求められる時代になったのです。

　2024年には、認知症基本法が施行されました。認知症の人

が尊厳を保持しつつ、社会の一員として尊重される共生社会の幕開けです。共生社会の実現につなげるケアはどのようなものなのか、はじめの一歩として、一緒に考えてみましょう。

❷ 自立支援

　自立支援とは、介護が必要な人が自分の能力に応じて自立した生活ができるように支援することです。わかりやすく言うと、ご本人ができることは自分でしていただき、できないところを介護職がサポートするということです。

　日本には介護保険制度がありますが、自立支援はこの介護保険の重要な基本理念の１つでもあります。要介護状態の悪化を防ぎ、維持・改善していくことで、要介護者も介護者も双方の負担を軽減することにもつながりますので、自立支援の視点は、とても大切です。

　ミルトン・メイヤロフの名著『ケアの本質』によれば、「ケアするとは、最も深い意味で、その人が成長すること、自己実

003

現をすることを助けることである」と言っています。つまり、自立支援とは、ただ単に相手のできることをさせるということではなく、相手の「できる力」に着目し、その力を維持向上させるために心を慮り、無造作に「できるでしょ、やって」というような投げやりなかかわりではなく、相手の自己実現を伴ったものなのです。

❸介護技術

　介護技術とは、介護者と利用者さんの双方が負担なく過ごすために必要な技術のことです。利用者さんの日常生活の質の向上や安全確保、自立支援、コミュニケーションの向上を目的とする他に、介護者自身の身体的負担を軽減し、腰痛などのリスクを減らすために用います。
　具体的には、次のような技術が含まれます。

①**ボディメカニクス**：最小限の力で介助するための技術で、介

護者の腰痛防止にも役立つ。

②移乗介助：ベッドから車椅子への移動など、利用者さんの移動をサポートする技術。

③食事介助：利用者さんが安全に食事を摂れるようにサポートする技術。

④排泄介助：トイレ誘導やおむつ交換など、利用者さんの排泄をサポートする技術。

⑤入浴介助：利用者さんが安全に入浴できるようにサポートする技術。

⑥更衣支援：利用者さんがスムーズに衣服を着脱できるようにサポートする技術。

❹リスクマネジメント

リスクマネジメントとは、発生する可能性のあるリスクに対して予防策を講じる一連のプロセスのことです。広い意味では、自然災害や個人情報漏洩等の事業所運営に関連するすべての事

柄が含まれますが、介護現場で使われる場合には（本書の場合にも）、介護事故のことを指すことが多いです。

　リスクマネジメントは、利用者さんの安心安全を守るためというのはもちろんですが、職員や健全な事業所運営を守るため、事業所の信頼を保つためにもとても大切です。

　転倒、転落、受傷、誤嚥など、介護事故につながりそうなことは、生活していれば日々起こります。介護事故につながらないように、仮に事故が起こったとしても、損害を生じさせない、あるいは損害を最小限にする必要があります。

　2021年度からは、事業所に設置する安全対策委員会に安全対策担当者を設置するように義務付けられました。

❺不適切ケア（虐待の芽）

　虐待かどうかの境界線であるグレーゾーンに当たる行為を「不適切ケア」や「虐待の芽」と呼びます。2006年に高齢者虐待の防止、高齢者の養護者に対する支援等に関する法律（高齢

者虐待防止法）が成立し、高齢者を虐待から守ろうとする動きが加速しました。にもかかわらず、残念なことに介護事業所の高齢者虐待の数は増え続けています。

　国は2024年度から、①高齢者虐待防止の指針を整備すること、②定期的に委員会を実施すること、③定期的に研修をすること、④これらを適切に実施するための担当者を置くことを義務化し、未実施の事業所については介護報酬を減算するという厳しい措置をとることになりました。

　介護の仕事を選ぶ人は、誰も虐待をしようと思っていないと思います。虐待に至るには、さまざまな要因があり、虐待行為を行った職員だけの問題とは限りません。人員不足や人員配置の問題、虐待を助長する職場風土の問題、そして、教育・知識・介護技術の不足が大きな要因となっています。不適切ケアに気づき、虐待の芽を摘むことが、虐待防止の有効な方法の1つとされています。そのために、この本を役立てていただけたら幸いです。

❻環境づくり

　私たちは人や家、社会、自然といった、自身を取り巻く環境のなかで生きています。そのため、介護する上では、利用者さんを取り巻く生活環境にも意識を向けてください。

　なぜ、生活環境に意識を向ける必要があるのかというと、環境は生活に何らかの影響を与えるものだからです。さらに言えば、高齢になって衰える身体機能や認知機能は、生活環境を調整することで補えることがたくさんあるからです。

　ここでいう生活環境とは、生活をする人にかかわる周囲、周辺、外界のことです。そのなかには、居住環境などの物理的な環境だけでなく、家族、職員、利用者さんといった人的環境、自然や風土、制度、慣習といった地域社会環境も含まれています。日頃の介護をする上では、自分も利用者さんにとっての環境の一部なのだと意識してみてください。新しい気づきやかかわり方が見えてくるかもしれません。

　ただし、人的環境や地域社会環境を含む、広い意味の環境を

描くとわかりにくくなってしまうので、この本では、物理的な環境に絞ってイラスト化しています。

　以上の6つの視点を、解説のページにアイコンで示しましたので、このかかわりの何が問題であるのかを理解する際に参考にしてください。

　なお、こちらで示した「答え」はあくまでも一例です。よりよい介護の方法は1つではありません。利用者さんのそのときの状況により最善の方法は変わるので、この本で基本を学び、根拠をもった介護を目指してください。

不適切な介護 6つの視点のアイコン

1 認知症ケア

4 リスクマネジメント

2 自立支援

5 不適切ケア（虐待の芽）

3 介護技術

6 環境づくり

ケア場面別
介護あるある
89のポイント

Chapter 01 居室 モーニングケア

入所・入居施設サービス

自分で立って歩ける認知症の利用者さん（女性）と、
ベット上に寝ている利用者さん（男性）を
職員が起こしに行きました。イラストのなかに、
不適切なかかわりが5つあります。見つけてください。

モーニングケアのポイント

　職員にとっては、施設の朝の離床介助は、多くの利用者さんを起こさなければならず、重労働かもしれません。
　次々と利用者さんの居室に入って、起こして周っていると、ついつい流れ作業のようになってしまうので気をつけましょう。
　利用者さんには、朝は気持ちよく目覚めていただきたいですよね。そのためには、どんなことを意識したらよいでしょうか。
　ケアの技術面だけでなく、人間関係の基本的なことも大切になります。

012

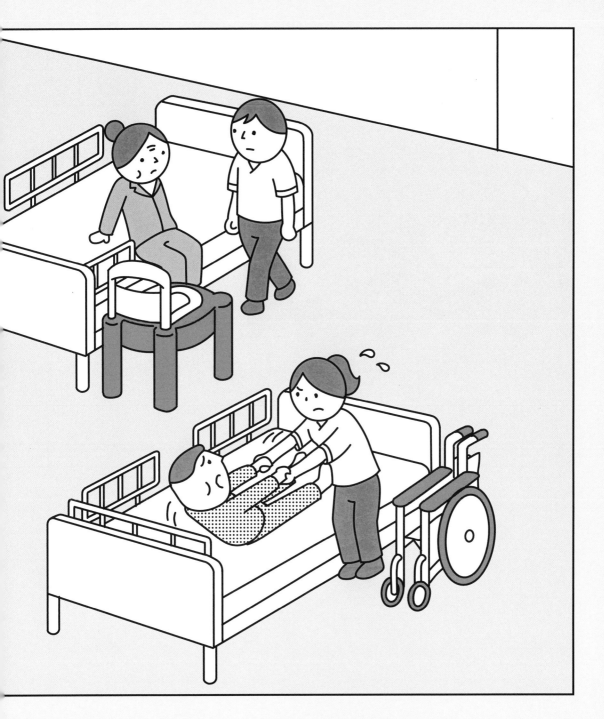

Chapter 01 居室 モーニングケア［入所・入居施設サービス］

答え

Check_1 あいさつ

認知症ケア

不適切ケア

Chapter | 01 居室 モーニングケア[入所・入居施設サービス]

どこがよくないの？ ✕

こうしてみよう！ おはようございます ◯

無言（あいさつもなし）で、利用者さんに近づく

職員があいさつをせずに近づくと、利用者さんは何をされるのかわからず、恐怖に感じるはずです。そのため、職員が介助のために身体に触れようとしたら、抵抗されるかもしれませんね。

また、人の見当識障害がある認知症の方だと、毎日会っている職員でも、知らない人だと感じることもあるでしょう。安心してもらうためにも、あいさつは大切です。

利用者さんの正面から「おはようございます」と声をかける

あいさつはコミュニケーションの基本です。また、朝は朝のあいさつ、昼は昼のあいさつをすることで、認知症の方に、時間を認識していただく、リアリティ・オリエンテーション（現実見当識療法：RO）にもなります。

誰でもこれからやることを先に伝えてもらった方が安心できますよね。利用者さんにも積極的にお声かけしましょう。

015

Check_2 視野の広さ

認知症ケア 介護技術

職員が利用者さんの視界に入っていない

　認知症の人は私たちが思っている以上に視野が狭いので、相手の正面から、左右にそれぞれ45度以内でなければ、視界に入っていない場合があります。

　見えていないところから、いきなり人が現れたら、驚かせてしまうかもしれませんね。

職員が利用者さんの正面から話しかけている

　認知症の人は、視界が狭くなっています。特に中度以上の方には、まず視界に入り、人がいることを認識してもらってから話しかけましょう。

　近くにいるから視界に入っているとは限りません。本人が嫌がっていなければ、正面から一呼吸置いて（視界に入ってから）、話しかけてください。

Check_3 トイレの位置

 認知症ケア 介護技術 自立支援

どこがよくないの？

こうしてみよう！

ベッド脇に、ポータブルトイレを置いている

　自分で立って歩ける人に対して、トイレの失敗があるからといって、すぐにオムツやポータブルトイレと考えるのは、知識不足かもしれませんね。
　排泄の失敗の理由は人それぞれです。何が原因かをしっかり観察してください。例えば、トイレの場所がわかりにくいことが理由なら、わかりやすくする工夫を考えてみましょう。

トイレのマークをわかりやすく掲示している

　場所の見当識障害がある方は、トイレの場所がわからずに失敗してしまうことがよくあります。
　場所を示すサインには工夫が必要です。矢印のつけ方や色のコントラスト、トイレを表すピクトグラムと文字の組み合わせなど、その方にあわせた表示を工夫することで、ご自身で行けることがあります。

Check_4 力任せの介護

介護技術

自立支援

ベッド上の利用者さんを腕だけで起き上がらせようとしている

　利用者さんを力任せに、直線的に引っ張り上げては、自発的で自然な身体の動きができなくなってしまいます。
　介助者にとっても、とても力を使い、自分の身体にも負担のかかる方法です。腰痛の原因にもなるので、やってはいけません。

利用者さんの身体を、横向きから、肘をついて起き上がらせる

　高齢者は、若い人のような仰向けにまっすぐ腹筋を使って起き上がることはできません。
　「横向き→肩肘をついて→座位」。この一連の動きを意識して、利用者さん自身の力を活かして、足りない力だけを貸すように介助しましょう。こうしたかかわりは、自立支援にもつながります。

Check_5 車椅子の準備

介護技術

どこかよくないの?

こうしてみよう!

ベッド脇に置かれている車椅子が畳んだままで座る準備ができていない

　ベッド上で端座位がとれたら、立ち上がっていただき、車椅子への移乗介助をします。そのときに、あらかじめ車椅子を開いてベッドに寄せ、動かないようにブレーキをかけておきます。
　人によっては、端座位で座っているときにも支えが必要な方もおられるので、最初に準備しておかないと、支え手を離さなくてはならないときに危ないです。

ベッド脇に置かれた車椅子が、ベッドに対して横並び（平行）に置かれている

　ベッドからの起き上がり介助をする前に、ベッド脇に車椅子を準備しておきましょう。アームレスト（肘掛け）が動かない車椅子は、ベッドに対して45度くらいに置きます。アームレストが上がるタイプは、ベッドと並行に置き、利用者さんのお尻をスライドさせるように移乗します。スライディングボードなどを使うと、より負担が少なくなります。

Chapter | 01
居室 モーニングケア［入所・入居施設サービス］

019

Chapter 02　食堂　食事支援・環境

入所・入居施設サービス

施設の食事場面のイラストです。
食事の時間を楽しめていない利用者さんがいます。
もっとよい食事支援にするためのポイントを
5つ見つけてください。

食事支援のポイント

　介護施設では、食事に介助が必要な利用者さんが多くいます。
そのため、食事介助に気を取られて、なかなか環境にまで気が
まわらないかもしれません。
　食事は栄養を摂り入れる機会ですが、それ以上の意味もあり
ます。皆さんも、どんな場所で、誰と、何を食べるのかといっ
たことや、食事するときの雰囲気も大切ではありませんか。食
事介助の技術はもちろん、こうしたことも考えてみてください。

Chapter 02 食堂 食事支援・環境 [入所・入居施設サービス]

021

答え

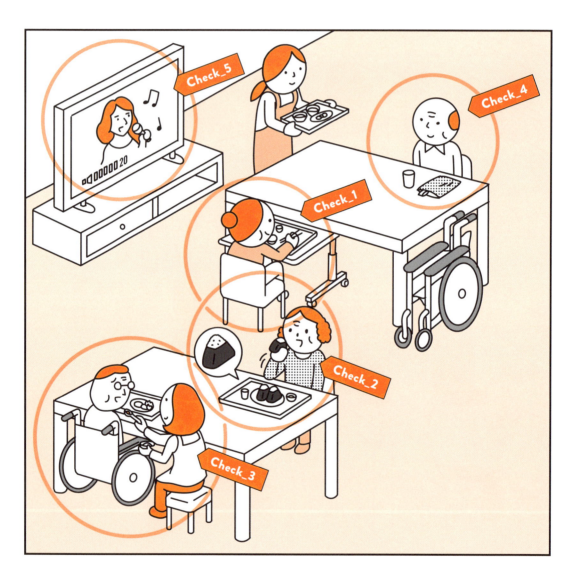

Check_1 テーブルの高さ

環境づくり　リスクマネジメント

身体の小さい利用者さんが、高いテーブルで食べにくそうにしている

　利用者さんに対して、テーブルの高さが合っていませんね。これでは、食事がよく見えないので、食べようという気持ちが湧いてきません。また、汁物などをこぼしてしまったら危ないですね。
　まずは、利用者さんがしっかり食事を認識できる環境を整えましょう。

テーブルの高さを利用者さんに合わせる

　誤嚥を防ぐためにも、食事を楽しむためにも、身体に合ったテーブルの高さと椅子にすることが望ましいです。
　椅子や車椅子が高くて床に足がついていないときは、足台を使用してもいいですね。職員が利用者さんに合わせて、食べやすい高さに調整しましょう。

Check_2 食事の形態

認知症ケア 自立支援

手づかみで食べていて、食べ物が散乱して、あちこち汚れている

「自立支援だから」という理由で、手づかみで食べる人に何もしないのはよくありません。かといって、汚れないように全介助で食べさせるのも間違いです。大人としての尊厳を守りつつ、自立支援をすることが求められます。

汁物などは介助で食べていただき、フォークやスプーンが使える方なら、そうしたものを持たせてあげましょう。

手づかみで食べてしまう人に、おにぎりのような、手で食べられる食事を提供する

箸やスプーンの使い方がわからない方には、手で持てるおにぎりなどの食事を準備するとよいでしょう。

また、自分で食べている方と同じ席についてもらい、食べ方を見てもらうと、箸やスプーンの使い方を思い出すこともあります。できるだけ自分で手を動かして食べることを大切にしましょう。

Check_3 食事のペース

 介護技術 リスクマネジメント

職員のペースで急いで食事介助している

限られた時間のなかで、多くの利用者さんの食事介助をしなければならない状況では、職員も焦って中腰になっています。気持ちはわかりますが、職員の都合でペースを急ぎすぎると食事を喉につまらせて、命とりになりかねません。特に嚥下状態の悪い方の介助は気をつけましょう。ごっくんと呑み込みができているか、喉を触って確認しながら介助するとよいですね。

利用者さんのペースにあわせて食事介助をしている

嚥下状態は、利用者さん一人ひとり異なります。呑み込みの悪い方は、特に介助のスピードに気をつけましょう。また、一度に口に入れる量も、多過ぎると噛みにくく、飲み込みにくくなります。
　食事の形態も、食事のペースも人それぞれです。その人に合わせることが大切です。ただし、若い頃に早食いだった人は、同じペースだと誤嚥を起こすことがあるので気をつけてください。

Check_4 食事用エプロン

不適切ケア

どこがよくないの？ ✗

こうしてみよう！ ○

まだ食事がきていないのに、エプロンをかけさせられている

　レストランなどで、ナプキンを広げるのは食べる直前ですね。同じように、食事用エプロンを使う場合も、食事がきてから、かけるのがよいですね。
　また、本当に食事用エプロンが必要な人なのか、エプロンの柄が子どもっぽくないかなども気にしてください。自分がかけたくないようなエプロンは、利用者さんも嫌なはずです。

テーブルの上には、お茶とエプロンがたたんで置かれている

　お食事を待っていただく間は、食事用エプロンを使う方でも、つけた状態で待たせることはやめた方がいいですね。
　ただ何もせずに待たせるのではなく、先にお茶を出して、おしゃべりしたり、口腔体操などをして待っていただくと、唾液がでて、食べ物の呑み込みがよくなるので、おすすめです。

| Check_5 | 食事をする環境（騒音） |

認知症ケア

環境づくり

テレビや職員の
しゃべる声が大きくて、
食べることに集中できない

　食事中に話し声とテレビの音が重なって聞こえてきて、うるさくて食べることに集中できないことがあります。

　特に認知症の方は、聴覚が過敏になったり、「カクテルパーティ効果」という、聞き取りたい音を選択できる力が衰えてきますので、食事に集中できる環境を整えることが大切です。

テレビの音量が適切で、
食べることに集中できる
環境になっている

　静かなBGMは、誰にとっても心地よいものです。食事中はこうした音楽を流すか、テレビをつけるならば、音量は小さめにしましょう。今日のメニューについて話すなど、会話を楽しみながら食事をするのもいいですね。

　相手の話を聞きとるためにも、認知症の方には静かな環境が大切です。

Chapter 03 浴室 入浴支援

入所・入居施設サービス

施設の脱衣所（左）と浴室（右）のイラストです。
これからお風呂に入る利用者さんへの支援で
不適切なかかわりが5つあります。
見つけてください。

入浴支援のポイント

　介護施設での入浴支援は、安全確保と個別支援がポイントです。
　要介護度が高い利用者さんには、リフト浴や機械浴などのさまざまな福祉機器を使います。その際、介護機器を安全に正しく使うことも、介護技術と同じくらい大切な要素になります。
　また、入浴は裸になりますので、プライバシーに配慮しつつ、利用者さんの意思を尊重し、体調の変化や事故防止にも気を配りながら支援しましょう。

Chapter 03 浴室 入浴支援［入所・入居施設サービス］

答え

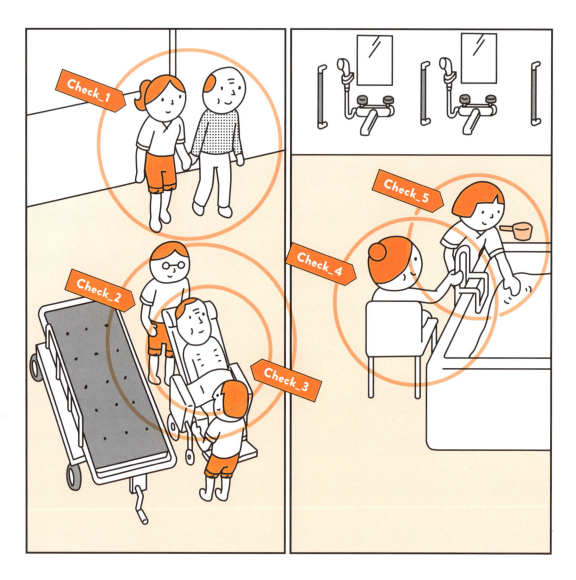

Check_1 本人の意思の尊重

認知症ケア

不適切ケア

Chapter 03 浴室 入浴支援［入所・入居施設サービス］

どこかよくないの？

×

こうしてみよう！

○

利用者さんの服を職員が無理やり脱がせようとしている

入浴拒否のある認知症の利用者さんに頭を悩ませている施設は、とても多いでしょう。

しかし、無理やり浴室に連れて行き、風呂に入れることが続くと、その嫌な感情は記憶に残ります。結果、ますます入浴拒否がひどくなる悪循環になってしまいかねません。

利用者さんがお風呂に入りたくなったタイミングでお連れしている

まず、その方がお風呂に入りたくない理由を考えてみてください。お風呂の手順がわからない、あるいは動作が苦手なのかもしれません。

反対に、入りたくなる事柄も考えてみましょう。誰かが会いに来る、汗をかいたのでさっぱりしたい……。利用者さんの気持ちを想像して、自分から入りたくなるように、アプローチしてみてください。

Check_2 移乗（いじょう）（トランスファー）

 リスクマネジメント
 介護技術

 どこがよくないの？ ✕

 こうしてみよう！ ◯

身体の大きな利用者さんを職員が1人で抱っこして移乗している

　力のある職員は、利用者さんを抱きかかえて移乗したほうが、時間もかからないし、1人でできて効率的だと思ってしまうかもしれません。

　ですが、もし、職員が足を滑らせたら、利用者さんも一緒に転倒・転落してしまいます。安全を考えて、移乗は2人介助を基本にしましょう。

リフトなどの介護機器を活用して、職員が2人で移乗を行う

　安全のために、要介護度の高い利用者さんの移乗介助は、2人で行うと決めている施設もあります。

　介護用のリフトやストレッチャー自体が入浴用の浴槽になっているものなども製品化されています。こうした機器を使って、安全に移乗介助を行うとよいですね。

Check_3 羞恥心への配慮

不適切ケア

移乗介助のときに利用者さんの陰部を隠していない

　入浴の介助は、職員にとっては負荷のかかる仕事の1つだと思います。もしかしたら、他のことに気をとられて、タオルをかけるのを忘れてしまうこともあるでしょう。
　特に物言わぬ利用者さんの場合、そのまま気づかないかもしれません。ですが、恥ずかしいと感じておられることを忘れないでください。

利用者さんの陰部にタオルをかけて隠している

　公衆浴場の脱衣所で服を脱ぎ、浴室に移動するとき、皆さんはタオルで自分の身体を隠していますか？
　文化によって違うかもしれませんが、多くの日本人は陰部をタオルで隠しながら浴室内に入ります。利用者さんに対しても、そうした普通の配慮をすることが、介護においては大切なことです。

Chapter | 03 浴室 入浴支援［入所・入居施設サービス］

Check_4 手すりの位置

 介護技術 自立支援

 どこがよくないの？ ✕

 こうしてみよう！ ○

麻痺側に手すりがあるので、麻痺側から浴槽に入ることになってしまう

麻痺側から浴槽に入ると、身体のバランスを崩したときに踏ん張ることができずに危険です。

ごく稀に、とても恐怖心の強い利用者さんの場合は、麻痺側から浴槽に入ることもあります。しかし、介助者の負担が大きいので、その場合は入浴用のリフトの活用も検討しましょう。

利用者さんの健側に手すりがくるように座ってもらい、自分で浴槽に入ってもらう

片麻痺の方の場合は、利用者さん自身の力を上手く使っていただき、健側から浴槽に入ってもらいましょう。

すべて職員が支援してしまうと、ますます身体の機能が衰えてしまい、本人のためになりません。自立支援型の介護技術を身につけましょう。

| Check_5 | 湯加減 |

リスクマネジメント

湯加減を確かめずに利用者さんに湯をかけている

　浴室内は滑りやすかったり、温度の変化があったりと、リスクが高い場所です。お湯の温度にも、気をつけなくてはいけません。

　お湯の温度をあらかじめ設定しておくことのできる湯沸かし機もありますが、それでも、職員の手で最終確認を行ってから、利用者さんに入ってもらいましょう。

職員が手で湯加減を確かめる

　利用者さんが浴槽に入る前に、必ず職員の手で湯加減を確かめましょう。

　利用者さんにかけ湯をするときは、足元からかけはじめて、様子を見ながら行ってください。

　利用者さんの好みの湯加減にしてあげたり、可能であれば、好みの入浴剤なども使って、入浴タイムを豊かにしてあげてください。

Chapter 03　浴室 入浴支援［入所・入居施設サービス］

Chapter 04 トイレ 排泄介助

入所・入居施設サービス

この施設のトイレは、複数の個室が並んでいます。
イラストのなかに、不適切な点が5つあります。
見つけてください。

排泄介助のポイント

　排泄介助は、とてもデリケートなケアです。利用者さんの尊厳と安全を最優先に考え、プライバシーを守りながら、丁寧な声かけやコミュニケーションを心がけ、不安を軽減するようにかかわることが求められます。

　また、利用者さんの身体的状況（麻痺の有無）や認知機能を把握し、負担の少ない姿勢やタイミングを選ぶことが必要です。

　利用者さんの排泄パターンや状態（便秘や下痢、排尿障害）を観察し、異常があれば、すみやかに報告や対応を行うことも大切です。

036

答え

Check_1 トイレのドア

不適切ケア

Chapter | 04 トイレ 排泄介助［入所・入居施設サービス］

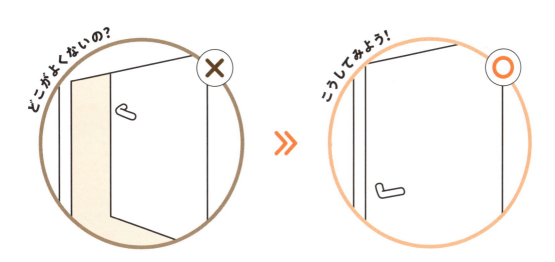

トイレを使用中なのに個室のドアが半分開いている

転倒などへのリスクマネジメントという理由で、トイレの個室のドアやカーテンを、わざと開けたままにしていることがありますが、これは不適切な対応です。

そうしたリスクがある人に対しては、個室内に職員が一緒に入って見守ってください。

トイレのドアを閉める

排泄中にトイレのドアを閉めることは、プライバシーへの配慮を考えると普通のことですね。

介助が必要な人には一緒に個室に入りますが、それ以外の人は排泄をしている様子が見えないように、使用中はドアやカーテンを閉めてください。

他の人の排泄場面に立ち会うことが多い仕事だからこそ、普通の感覚をなくさないようにしましょう。

Check_2 排泄確認への配慮

不適切ケア

排泄のことを職員間で大きな声で話す

　排泄は利用者さんの体調を把握するために、必要で大切な情報の1つです。ですが、他人には知られたくないプライベートな情報でもあります。自分に置き換えて考えてみればわかりますね。
　職員間で情報共有することは大切ですが、周りの人に聞こえるような大きな声で話すのはやめましょう。

排泄に関する情報は記録で共有し、口頭で伝えるときは小さな声で行う

　排泄は記録に残し、記録を通じて職員間で情報共有します。
　また、ひどい下痢といった、急いで医療職へ伝える必要性がある場合は、職員同士で会話できる場所か、小さな声で話しましょう。
　利用者さんにとっては、大きな声で言われたら恥ずかしいことだということを忘れないでください。

Check_3 職員の立ち位置

リスクマネジメント

介護技術

麻痺のある利用者さんの健側に職員が立っている

　利用者さんに麻痺があり、見守りが必要な場合は、麻痺側に介助者はついてください。麻痺があって力が入らず、思うように身体が動かないことで、麻痺側への転倒リスクが高いからです。

　なお、麻痺があっても自分でナースコールを押すことができ、職員が来るまで立ち上がらずに確実に待てる人の場合は、近くで見守る必要はありません。

麻痺のある利用者さんの麻痺側に職員が立っている

　介助者は、いざというときに利用者さんの身体を支える杖になる必要があります。その方の麻痺側に立って、いつでも支えられるようにしてください。

　手すりがある場合は、健側の腕で手すりを持っていただきましょう。

Check_4 車椅子のブレーキ

リスクマネジメント

車椅子のブレーキがかかっていない

　基本中の基本ですが、短時間でも使用しないときは、車椅子のブレーキをかけましょう。
　利用者さんが移乗するときに、車椅子が動いてしまうとバランスを崩して転倒する危険が高まります。
　移乗する直前に、ブレーキがかけてあるか、常に再確認する癖をつけておくといいですね。

車椅子のブレーキがかかっている

　ちょっとした瞬間に、利用者さんが車椅子につかまり、支えにするようなことも想定されます。
　また、誰も乗っていなくても、傾斜のある場所や誰かが車椅子に触ったときに突然動き出してしまう危険もあります。
　車椅子のブレーキをかけることはリスクの軽減につながります。

Check_5 更衣時の声かけ

不適切ケア

認知症ケア

本人の意向を確認せずにいきなりズボンを脱がせている

流れ作業的に、時間に追われて排泄介助をしていると、ついつい本人の意向を確認せずに、衣服を脱がせてしまうことがあります。

しかし、認知症があり、わかっていないように見える方でも、羞恥心はしっかりと残っておられます。何をするのかわからないのに、ズボンを脱がされたら、誰でも嫌だと感じますよね。

了解をとりながら、様子を見てズボンを脱がせている

トイレにお連れするときから話しかけ、個室で介助する際は、「お手伝いしますね」「ズボンをおろしますね」などの声をかけてから行ってください。

また、その方ができる行為は、自分でやっていただくように促しましょう。例えば、ペーパーを渡して「お尻をふいてください」と、さりげなくサポートできるといいですね。

Chapter 05 デイルーム
レクリエーション

入所・入居施設サービス

施設でレクリエーション（音楽療法）を行っている場面です。イラストのなかに、注意しなければならないことや不適切な対応が5つあります。見つけてください。

レクリエーションのポイント

　介護施設のレクリエーションでは、利用者さんの心身の健康を促進し、楽しみや生きがいを感じてもらうことが大切です。
　それぞれの利用者さんの身体能力や認知機能にあわせた活動を選び、無理なく参加できるように配慮しましょう。
　また、交流を促し、孤立感を減らすために、グループで楽しめるプログラムも取り入れるようにします。
　参加した利用者さんたちに達成感や充実感を感じてもらえるように心がけ、自己表現を尊重しましょう。

答え

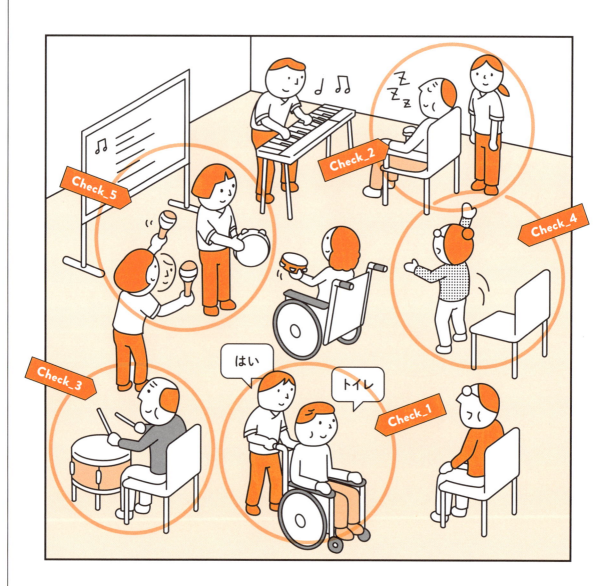

Check_1 トイレ誘導

認知症ケア

介護技術

不適切ケア

利用者さんからの求めに応じてトイレ誘導をしない

認知症の利用者さんは、トイレに行ったことを忘れてしまうことがありますが、頻回に行きたがる場合は、何か理由があるかもしれません。「また言っている」と無視してはいけません。

また、失敗をして恥ずかしい思いをしたような、感情を大きく動かされた出来事は忘れません。ご本人の思いに寄り添ったかかわりを心がけましょう。

求めに応じてトイレ誘導を行う。頻回の場合は、チームで対応する

基本的には、求められたらトイレにお連れしますが、1日に何十回も訴える場合は、医療面（膀胱炎などの疾患）も含めて、多職種チームで検討し、ケアプランに反映する必要があります。

心理的な事柄が要因のこともあるので、かかわり方を見直すと改善することもあります。

Check_2 見守り（居眠り）

リスクマネジメント

居眠りをしている利用者さんが椅子からずり落ちそうになっている

　座位の保持ができない利用者さんは、横に滑り落ちてしまうリスクがあります。レクレーション中も、目を離さないように注意しましょう。

　この利用者さんのように、眠って身体の力が抜けているときは、特に危ないので注意します。こういう方は、肘掛け付きの椅子に座っていただくのがよいでしょう。

肘掛け付きの椅子を使用し、眠っている利用者さんを職員が見守っている

　レクリエーションの間、職員はフロア全体の見守りを忘れないでください。

　肘掛け付きの椅子であれば、横側へのずり落ちは防げますが、前側へお尻がずれて、ずり落ちすることもあります。その場合には、優しく声をかけて、座り直していただくか、しっかり休んでもらうために居室にお連れしましょう。

Check_3 安全への配慮

介護技術

リスクマネジメント

ここがよくないの？ ✕

こうしてみよう！ ○

利用者さんがドラムにつかまって立ち上がろうとしている

利用者さんが立ち上がろうとしていますが、職員が誰も気づいておらず危ない状況です。

つかまっても支えになるものであれば危なくありませんが、ドラムセットはバランスが崩れると簡単に倒れてしまいます。レクレーション中も、さまざまなリスクがありますので、常にフロア全体に注意を払いましょう。

利用者さんにドラムスティックを渡して、叩いてもらっている

ドラムをきちんと目の前にセットして、リズムにあわせて叩いてもらいましょう。飽きっぽい利用者さんでも、レクリエーションを進行する職員の声のかけ方次第で、はりきって参加していただけると思います。

ドラムは大きく目立つ楽器なので、目立つのが好きな利用者さんに叩いてもらうとよいですね。

Check_4 踊りの制止

介護技術

どこがよくないの？

こうしてみよう！

踊り出した利用者さんを制止しようとしている

　音楽を聞いて、気分がよくなって踊り出した方を、職員が慌てて座らせようとしています。立ち上がるとふらつきがある方や、歩行状態が悪い方であれば、すぐに近くに行って、いつでも支えられるようにしてあげましょう。

　せっかく楽しんでいるのですから、無理に座らせるようなかかわりは、よくありません。

踊り出した利用者さんを温かく見守っている

　ご自分で歩ける方ならば踊っていただいても問題はありません。むしろ、楽しんで過ごしている様子を見て、他の利用者さんも楽しい気持ちになるのではないでしょうか。

　車椅子の利用者さんにも、タンバリンなどの楽器を渡して参加していただきましょう。

Check_5 レクリエーションの進行

介護技術

レクリエーションを担当する職員が緊張して、元気がない

司会役の職員が緊張して、固まってしまっています。人前で何かを行うことは、多かれ少なかれ誰でも緊張します。慣れるまでは、ストレスになるでしょう。

音楽のレクリエーションは、盛り上げ方も大事です。苦手な人は、上手な先輩を真似することからはじめてみてください。

先輩職員が、不慣れな職員をサポートしながら盛り上げている

緊張してしまう職員に対しては、はじめのうちは、先輩職員が一緒にやってあげましょう。

また、人生の大先輩である利用者の皆さんは、職員が少しくらい失敗しても多めにみてくれます。失敗してもいいので、思い切って笑顔で元気よくやってみましょう。うまくやるより、楽しくやることが大切ですよ。

Chapter 06 公園
お花見・大きな行事

入所・入居施設サービス

施設の年間行事で、近くの公園にお花見に出かけている場面です。イラストのなかに、気をつけなければならない点が5つあります。見つけてください。

大きな行事のポイント

　介護施設で行う大きな行事では、利用者さんの楽しみと安全を両立させることを心がけましょう。このイラストでは屋外でお花見をしていますが、屋内で行う敬老会などの行事でも基本は同じです。

　普段とは違う体験を楽しんでもらえるように、それぞれの利用者さんの個々の体力や認知機能に応じた参加方法を工夫することも大切です。

　無理のないスケジュールと場所の設定、物品の準備など、普段の仕事に加えて、計画段階からやることも多くて大変ですが、それだけ利用者さんの喜びも大きくなると思います。

Chapter 06 公園 お花見・大きな行事 [入所・入居施設サービス]

答え

Check_1 車椅子の操作

介護技術 リスクマネジメント

どこかよくないの？ ✕

こうしてみよう！ ◯

車椅子で、砂利道を進んでいる

　このイラストの職員は、もしかしたら、桜の花をすぐ近くで見せてあげたかったのかもしれません。ですが、実際に車椅子を押してみるとわかりますが、砂利道はとても押しづらく、力がいります。
　また、ガタガタして座り心地が悪くなり、小石が飛んで利用者さんに当たるリスクもあります。やむを得ない場合以外は、砂利道は避けましょう。

舗装された道を選んで車椅子を押している

　利用者さんとお花見をする場所は、事前に下調べをしていると思います。舗装してある道、スロープ、車椅子でも使いやすいユニバーサルなトイレがあるところがよいですね。
　桜の花が咲いている他施設があれば、日程を調整して、お庭にお邪魔させてもらうのもよいですね。

Chapter | 06 公園 お花見・大きな行事 ［入所・入居施設サービス］

Check_2 椅子からの転倒リスク

リスクマネジメント

利用者さんが椅子から落ちそうなことに職員が気づいていない

テーブルの下に落ちたハンカチを利用者さんが拾おうとしていますが、職員が目を離しています。

外出先には、折りたたみの椅子しか持っていけないので、椅子からの転倒には、いつも以上に注意が必要です。

転倒リスクが高いことを優先して、職員が拾ってあげましょう。

外出先では、下に落ちた物は職員が拾う

「自分でできることはやっていただく」という自立支援の観点からみると、利用者さんが拾うのを見守るのがよいという考えもあります。

しかし、外出先の不安定な椅子に座っている状況では職員が拾ってあげましょう。こうした判断は、状況や場面によって異なってくるので、その都度、判断が必要です。

| Check_3 | パーティーグッズ

不適切ケア

パーティーグッズを利用者さんの意思を確認せずに着用させている

利用者さんに、パーティー用の扮装をさせてSNSに投稿し、ニュースでも取り上げられる問題になったことがありました。明らかに、ご本人は望んでいないのに、職員側の感覚で「楽しいはずだ」と思ってしまったようです。こうした仮装に対して、辱めを受けたと感じる利用者さんもいるかもしれません。何を喜ぶかは、一人ひとり違います。

パーティーグッズを職員が着用して利用者さんが楽しんでいる

祭りや祝い事などを盛り上げるために、職員がパーティー用のグッズを身につけて盛り上げ役をやると、喜ぶ利用者さんも多いです。なかには、楽しい気分になってきて、自らパーティー用のメガネや三角帽子を着用する方もおられるでしょう。自分から身につけるのは大いにけっこうです。一緒に花見を盛り上げて、楽しんでいただきましょう。

Check_4 見守り（一人歩き）

リスクマネジメント　認知症ケア

席を離れて、歩いて行ってしまう利用者さんに職員が気づいていない

　行事などの、いつもとは違う状況は、利用者さんにいつもとは違う刺激を与えます。もちろん、それはよいこともたくさんありますが、それをきっかけに、思わぬ行動を引き起こすことがあります。

　認知症の方の行方不明事件は、行事のときによく起こります。いつも以上に注意が必要です。

席を離れて、歩いて行く利用者さんに気づいて、職員が後をついて行く

　行事のときには、特に歩ける認知症の方から目を離さないようにしてください。職員で担当を決めて、声をかけあって見守るようにしましょう。

　認知症の方は、目的があって歩き出しますが、途中でそれを忘れてしまい、道に迷ってしまいます。不安からより遠いところに歩いて行ってしまうこともあるので、外出時は特に見守りが必要です。

Check_5 周囲の騒音

介護技術

認知症ケア

どこがよくないの？

こうしてみよう！

周囲の騒音に加え、同時に2人に話しかけられ利用者さんが困惑している

　人間の脳は、自分に必要な声や音を選択して聞き取っています。これを「カクテルパーティ効果」といいます。認知症になると、この脳の働きが弱くなり、音を選択して集中して聞くことができにくくなります。
　利用者さん同士が会話をしているときは、職員は重ねて話しかけず、見守り役に徹しましょう。

利用者さん同士での会話を職員が見守っている

　「メラビアンの法則」では、人と人とのコミュニケーションにおける影響は、言語情報が7％、聴覚情報が38％、視覚情報が55％とされています。
　周囲が賑やかなときには、話しかけるよりも、アイコンタクトやジェスチャーで楽しい気持ちを伝えるとよいですね。

Chapter 07 リビング 生活支援

グループホーム

グループホームのリビングの様子です。
イラストのなかに、利用者さんへのかかわりで
不適切な点が5つあります。見つけてください。

認知症ケアのポイント

　認知症の高齢者が住むグループホームは、小規模で家庭的な雰囲気を重視し、個々の生活習慣や好みを尊重しながら、できる限り自立した生活を送ることを支援しています。大規模施設と比べて、個別ケアがしやすく、認知症による不安や混乱に寄り添いやすいことが特徴です。

　認知症になったら、何もわからなくなるわけではありません。確かに、苦手なことは増えますが、それまでの価値観やその人らしさは豊かに残っています。利用者さんが不安で混乱ばかりの日々を送るのか、できることに着目して、その人らしく生きるのかは、ケア次第といっても過言ではありません。

Chapter 07 リビング 生活支援 [グループホーム]

答え

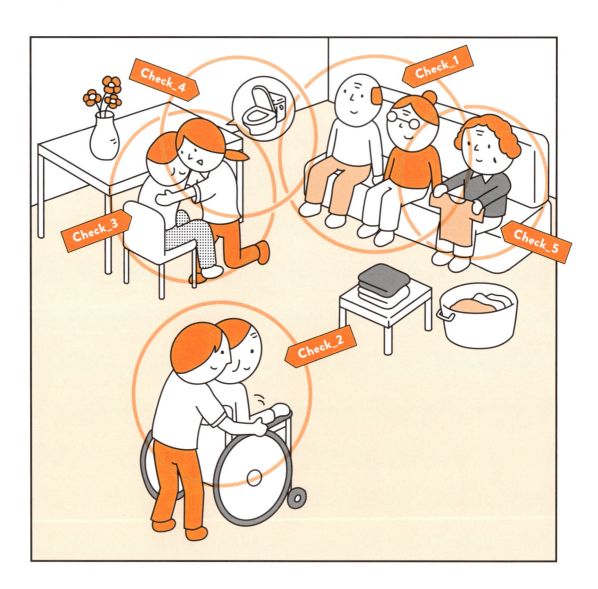

Check_1 立ち上がれないソファ

不適切ケア

どこがよくないの？ ✕

こうしてみよう！ ◯

1人では立ち上がれないような フカフカのソファに 動ける人を座らせている

　低くてやわらかいソファは、足腰の弱い高齢者が座ると、自力では立ち上がれなくなってしまいます。

　見守りが十分にできないときは、こうしたソファに頼ってしまいたくなると思いますが、立ち上がらせない目的で座らせるならば、これは身体拘束にもなりかねない不適切ケアです。

自分で立ち上がれる 高さと固さが適当なソファ

　高さがちょうどよく、固めのしっかりしたソファであれば、高齢者も立ち上がりやすいです。

　利用者さんが立ち上がったら、何かしたいサインです。皆さんなら、なんと声をかけますか？

Chapter | 07　リビング 生活支援 [グループホーム]

Check_2 車椅子の介助

リスクマネジメント

介護技術

どこがよくないの？ ✕

こうしてみよう！ ○

車椅子のアームレストから利用者さんの腕が落ちたまま職員が車椅子を押している

　アームレストから腕が落ちたまま車椅子を動かすと、車輪に腕を巻き込まれる危険があります。

　麻痺のある方は、腕に力が入らないので、アームレストから落ちやすく、ご本人は気づきにくいので、車椅子を押すときは気をつけましょう。

利用者さんの腕を車椅子のアームレストに戻している

　車椅子のアームレストから腕が落ちたら、巻き込まないように、すぐに腕を戻しましょう。

　リスクマネジメントの基本は、「予測すること」です。麻痺のある利用者さんを介助をするときは、あらかじめ、麻痺があることで、どのようなリスクがあるか予測してかかわりましょう。

Check_3 立ち上がり介助

介護技術

不適切ケア

Chapter | 07

リビング 生活支援 [グループホーム]

どこかよくないの?

こうしてみよう!

利用者さんを無理に引っ張って椅子から立たせようとしている

　立ち上がり介助が必要な人に対して、こんな乱暴な介護はいけませんね。
　最初から上に引っ張り上げようとしても、なかなか立ち上がることはできません。また、介助者にも無理な力がかかります。介護技術を駆使して、利用者さんの持っている力を使って立っていただきましょう。

利用者さんが前かがみになってから、立ち上がりの介助をしている

　人が立ち上がるときには、下を向くような、前かがみの姿勢から上へ引き上げるように動きます。そのことを理解して、立ち上がり動作を介助しましょう。
　人はおでこを指1本で押さえただけで立ち上がれなくなります。身体の自然な動きを知って、正しい介護技術を身につけましょう。

065

| Check_4 | 羞恥心への配慮 |

不適切ケア

トイレのことを他の人にも聞こえるような大きな声で言っている

トイレに行くことを大きな声で言われたら、恥ずかしいですね。
便秘が続いている方に排便があったときなど、つい嬉しくなって職員同士で「出た！」などと話したりすることもあるかと思いますが、それもTPOを考えてください。排泄の状態は介護する上では、しっかり把握すべきですが、大きな声でいうのは避けましょう。

「トイレに行きましょう」とその人にしか聞こえないように耳元で言っている

排泄はデリケートな事柄ですので、羞恥心に配慮して、耳元でお誘いしてください。
排泄の管理は健康を考えるときには大切で避けられないことです。記録をしっかりつけ、普段の食事や運動にも気を配り、便秘にならないような生活習慣を心がけてもらいましょう。

Check_5 役割・生きがい

自立支援

認知症ケア

Chapter | 07
リビング 生活支援［グループホーム］

どこがよくないの？

こうしてみよう！

どうしていいのかわからずに利用者さんがウロウロしている

　利用者さんが立ち上がって歩き出すときには、何か理由があります。トイレに行きたいのかもしれませんし、家に帰ろうと思われたのかもしれません。何もすることがなくて不安……という理由もあります。
　歩き出す理由を考えてアプローチしてください。

利用者さんに洗濯物をたたんでもらう

　グループホームに入居している方も、できることがたくさんあります。例えば、昔からやっている箸を使って食事をしたり、包丁で野菜を切るなどの身体で覚えるような「手続き記憶」は、上手くできます。
　その人にあった役割を考えて、家事や趣味活動をしていただくことが大切です。

067

Chapter 08

居室
生活環境の調整

グループホーム

グループホームで暮らす方の居室で、
職員が着替えの手伝いをしています。
イラストのなかに、部屋の設えや利用者さんへのかかわりで
不適切な点が5つあります。見つけてください。

居室の設えのポイント

　グループホームは利用者さんの住まいになりますが、入居して間もない方にとっては、自分の家だと認識できないでしょう。居心地のよい住まいだと感じていただくためには、どのような工夫が必要だと思いますか。

　また、認知症によって苦手になった行為に対して、すべてを職員がやってあげるのは、自立支援にはなりません。その行為の、どの部分ができなくなり、どの部分を支援すればご自身でできるようになるのかを考えて支援してください。

　認知症について知り、ケアの方法を学んでいくと、上手く支援できるようになりますよ。

068

Chapter | 08 居室 生活環境の調整 ［グループホーム］

答え

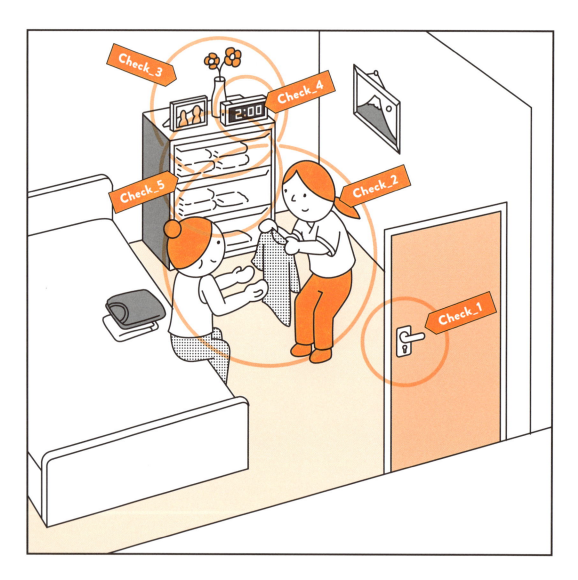

Check_1 部屋の鍵

不適切ケア

認知症ケア

Chapter 08 居室 生活環境の調整 ［グループホーム］

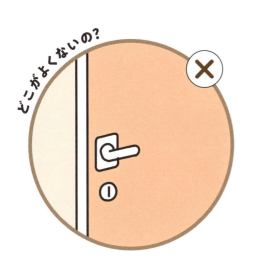

どこがよくないの？ ✕

こうしてみよう！ ◯

居室のドアの鍵が外側からかけるタイプになっている

　感染症で一時的に隔離しなければならないことはありますが、通常は、職員側の都合で、利用者さんを部屋から出られないようにすることは身体拘束になります。

　認知症だからといって、自分で鍵をかけられなくすることは、その人の尊厳を損なうかかわり方です。鍵は本人の意思を尊重するようにしましょう。

居室のドアの鍵が内側から自分でかけられるタイプになっている

　居室は、その人にとってのプライベートな空間です。普通は何も言わずに人が入ってくることはありませんし、当然、鍵をかけますよね。認知症の人も同じで、自分の意思で鍵をかけたいのです。

　ただし、ケアの必要があるときには、外側から鍵を開けて、居室に入ってください。その際は、お声かけすることを忘れないでくださいね。

071

Check_2 更衣支援

自立支援

認知症ケア

どこがよくないの？ ✕

こうしてみよう！ ○

衣服を全介助で着せてあげている

　認知症の実行機能障害の症状があると、順番どおりに、段取りよく行動することが苦手になります。

　服を着るという行為では、どの服（選ぶ）を、どの順番（下着→シャツ→上着）で、着る（腕に袖を通して、頭からかぶるなど）のかがわからなくなります。

　職員が着せてあげれば早く済みますが、自立支援の観点からご本人をサポートするようにかかわりましょう。

次に着る服を渡して、本人が自分で着ることをサポートしている

　その人が、苦手なところを理解してサポートしましょう。服を選べないのであれば、まず下着を手渡す。着方がわからないのなら、袖の通し方を教えてあげるというかかわりです。

　自分で着られるように、その人にあったサポートをしてあげてください。例えば、袖を入れる部分に目印のテープを縫い付けるといった工夫もよいですね。

072

Check_3 部屋の設え

環境づくり

認知症ケア

Chapter 08 居室 生活環境の調整［グループホーム］

どこがよくないの？ ✕

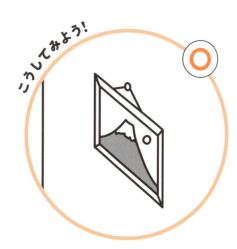

こうしてみよう！ ◯

飾りや私物のない殺風景な部屋

　グループホームは、病院のような一時的な居場所ではありません。個室は、その方にとって自宅のように感じられる、居心地のよい空間にしましょう。
　入居するときに私物が少ない方もいますが、好きな物やなじみのある物をなるべく家から持ってきていただくとよいですね。

絵や花、家族写真などを飾って、その方らしい部屋になっている

　あなたの部屋は、どんな部屋ですか。どんな部屋が落ち着きますか。部屋には、その人の個性が出ています。
　認知症になっても、自分らしく好きな物に囲まれて過ごしたいという思いは残っています。それを表現することが難しくなっているだけです。その方らしい部屋の設えを考えて、居心地のよい部屋にすることも大切な介護です。

Check_4 # 時計

環境づくり

認知症ケア

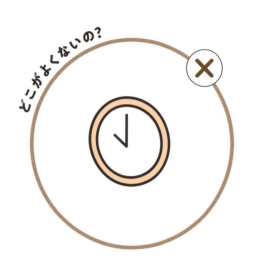
どこがよくないの？ ✕

こうしてみよう！ ○

アナログの時計

　空間認識の見当識障害がある認知症の方は、アナログの時計がわかりにくくなります。

　私たちは、アナログの時計を見るときに、数字と数字の間隔や、時計の長針と短針、秒針などの多くの情報を脳に取り入れて、それぞれが意味するところを正確に把握しています。認知症の方は、そこが難しくなるのです。

デジタルの時計

　数字だけが表示されるデジタルの時計は、文字が読める認知症の方には理解しやすいです。

　黒い文字盤に白抜きの文字のように、色のコントラストがはっきりとしていると尚更よいです。

　日付や曜日が大きな文字で表示されるようなデジタル時計も、今日が何日で何曜日かわかるのでおすすめです。

Check_5 衣装ケース・タンス

環境づくり

認知症ケア

どこがよくないの?

こうしてみよう!

中が見えないタンス

タンスが悪いわけではないのですが、どこに、何をしまったのか、覚えられない人にとっては、中身がわかるように工夫してある方が安心します。タンスの引き出しを何度も開け閉めするのは、それが原因であることも多いです。

例えば、ラベルを貼ったり、中身がわかる写真を貼ることで、解決することもあります。

中に入っている洋服が見えるクリアケース

中身が見えるクリアケースなどを使うと、どの服がどこに入っているのか一目瞭然です。

クローゼットがある場合は、わざとクローゼットの扉を開けておくのもよいでしょう。自分の大切な服がちゃんとそこにあることが確認できると安心します。

Chapter 09

ショッピングセンター
外出支援

グループホーム

グループホームの皆さんがショッピングセンターに
買い物に行った場面です。
イラストのなかに、不適切な点が5つあります。
見つけてください。

認知症の方の外出支援のポイント

　外出支援の基本は、外出先や移動ルートの事前確認を行い、
バリアフリー対応や危険箇所をあらかじめ把握しておくことで
す。外出を計画するときから、支援は始まっていると思ってく
ださい。また、事前確認をしていたとしても、利用者さんたち
に対して、いつも以上にこまめな声かけや確認が必要です。

　グループホームのなかには、利用者さんたちと一緒に、日常
的に買い物に行くところもあります。顔なじみの商店を増やし
て、お店の人にも認知症のある人への理解と配慮をお願いしま
しょう。こうした日頃からのかかわりが、もしものときの助け
になります。

Chapter | 09 ショッピングセンター 外出支援 [グループホーム]

077

答え

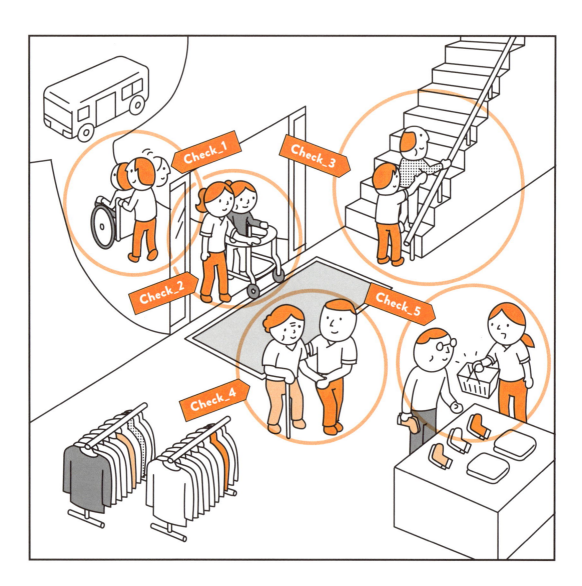

Check_1 車椅子の操作

リスクマネジメント　介護技術

傾斜のある下り坂を車椅子が前向きで下っている

スロープのような傾斜のついた道を、前を向いたまま車椅子で下るのはかなり危険です。介助者が支えきれずに手を離してしまえば、そのまま車椅子ごと滑っていってしまいます。手を離さなくても、斜めになった車椅子から利用者さんが滑り落ちる可能性もあるので、絶対に行ってはいけません。

傾斜のある下り坂は車椅子を後ろ向きにして下る

傾斜のある坂道を下るときの車椅子介助は、後ろ向きが基本になります。体重を支えながら、ゆっくりと下りましょう。自分も後ろ向きに歩くことになりますので、振り返って前を確認しながら進みます。

後ろ向きに下るのは、誰しも不安を感じますので、利用者さんに「もう少しですよ」などと声をかけてあげましょう。

Check_2 歩行器

 リスクマネジメント 介護技術

歩行器の車輪がカーペットに引っかかっているのに職員が気づいていない

　施設はバリアフリーになっていますが、外出先にはそうではない場所も多いです。施設の中であれば、問題なく自分で歩行器を使って歩くことができる人も、イラストのように、ちょっとしたカーペットの厚みが段差になり、つまずいてしまうので注意が必要です。

歩行器の車輪がカーペットに引っかからないように職員がサポートしている

　建物の入り口は、つまずく可能性の高い場所です。職員は特に気を配りましょう。

　段差やカーペットがある場合は、職員が歩行器を引っ張り、カーペットを乗り越えられるように手助けしてあげましょう。ちょっとしたことですが、転倒を防ぐために大切なことです。

Check_3　**階段の上り下り**

リスクマネジメント

介護技術

どこがよくないの？

こうしてみよう！

階段を上る利用者さんを職員が上から引っ張って介助している

　階段を上るとき、上の段から引っ張り上げられると、自分の体重を支えているバランスが崩れてしまいます。

　また、誤って手が離れてしまったら、利用者さんは階段から落ちてしまうのでやってはいけません。

階段を上る利用者さんを職員が下から支えるように介助している

　利用者さんに、自分で身体のバランスをとってもらいながら、階段を上っていただきましょう。

　もし、つまずいたときには、支えられるように、下段から、腰や臀部を軽く支えてあげると安定します。

Chapter | 09　ショッピングセンター　外出支援［グループホーム］

081

Check_4 歩行介助

介護技術

どこがよくないの？

こうしてみよう！

腕をがっしりと抱えて引っ張るように歩行介助している

腕をがっしりと脇の下からつかまれると、拘束されているようですし、引っ張られると、無理にどこかに連れて行かれているように感じるかもしれません。

歩く力がある方に対しては、軽く支えてあげて、バランスを崩しそうなときだけ、しっかり支えるようにしましょう。

片手で手をつないで腰のあたりを転倒防止のため軽く支えて介助する

利用者さんの「自分で歩く力」をできるだけ使ってもらえるように、介助しましょう。

腕をつかむのではなく、手を支えて、反対の手で腰を支えてあげてください。この介助だと、利用者さんがふらついて倒れそうになったときにも、すばやく対応できます。

Check_5 商品の持ち帰り

認知症ケア

商品をバックに入れようとした利用者さんを頭ごなしに叱りつけている

　前頭側頭型認知症は、社会のルールなどを理解する前頭葉にダメージを受ける認知症です。そのため、自分が欲しいと思った物を悪気なく持ち帰ろうとすることがあります。本人に注意してやめてもらうことは難しいので、周囲の人がうまくかかわりましょう。

「このカゴに入れましょう」と職員が買い物カゴを差し出す

　自尊心を傷つけないように「このカゴに入れましょう」と優しく、丁寧に言ってみてください。きっと、提案を受け容れてくれるはずです。
　いつも利用するお店であれば、あらかじめお店の人に事情を話して理解してもらい、職員が代金を払ったり、必要ない物はお店に返したりできる関係を作れるとよいですね。

Chapter | 09　ショッピングセンター 外出支援［グループホーム］

Chapter 10 リビング 夕方の時間帯

グループホーム

グループホームの夕方の時間帯の様子です。
食べ終わった方もいらっしゃいます。
イラストのなかに、不適切な点が5つあります。
見つけてください。

夕方の時間帯のポイント

　夕方はもっとも利用者さんたちが落ち着かなくなる時間帯です。「家に帰らせてもらいます」といった訴えをする人も少なくありません。これは「夕暮れ症候群」などと言われたりする症状です。
　家に帰りたい理由は利用者さんによってさまざまですが、例えば、これまでの生活習慣から「早く家に帰って、子どもたちにご飯を作らなくちゃ！」と思って落ち着かなくなっているのかもしれません。優しいお母さんですね。
　しかし、職員にとってはやることが多い時間帯ですから、ついイライラしてしまうかもしれません。そんなときこそ、ご本人の不安や焦る気持ちに寄り添った対応を考えてみてください。

答え

Check_1 口腔ケア

不適切ケア

介護技術

どこがよくないの?

こうしてみよう!
はい
歯磨きしに行きましょう

食べている利用者さんの目の前で口腔ケアをしている

　同じテーブルには、まだ食べ終わっていない利用者さんがいるにもかかわらず、食後の口腔ケアをしています。食事中に目の前で歯磨きをされたら、気持ちよくないですね。
　夕方から就寝までの時間帯は、職員にとってはやることも多く、少しでも効率よく済ませてしまおうと焦ってしまいますが、よくない行為です。

食事が終わった利用者さんを歯磨きに誘っている

　食卓で口腔ケアをしている施設もありますが、口腔ケアは、できるだけ洗面所で行いましょう。
　施設によっては、居室の中に洗面台があるので、その場合はお部屋にお連れして、イブニングケアの流れで行います。

Check_2 配膳ワゴン

リスクマネジメント

認知症ケア

どこがよくないの？ ✕

こうしてみよう！ ○

放置されたワゴンにふらついた利用者さんがつかまり、転倒しそうになっている

　認知症の利用者さんは、杖や歩行器を忘れることが間々あります。そういう方を見かけたら、その都度、声をかけて、杖や歩行器を使ってもらいましょう。

　また、配膳ワゴンのように動くものは、利用者さんがつかまったときに動いてしまうので、放置してはいけません。

利用者さんは歩行器を使い、ワゴンは職員が持っている

　職員が配膳ワゴンの近くを離れずに、手元に持っています。利用者さんには、歩行器を使ってもらうように、前もって声かけをしているので、安全に歩くことができています。ちょっとしたことですが、介護事故を未然に防ぐ大切なポイントです。

Check_3 移乗介助

不適切ケア

介護技術

自立支援

「よっこらしょ！」と重い荷物をもつようなかけ声で利用者さんの移乗をしている

「よっこらしょ」と、荷物を持ち上げるときのように、自分に対して気合いを入れるために言ったのだとしたら、不適切です。

同じかけ声でも、利用者さんに「これから立ち上がって車椅子に移ります」ということを伝え、お互いにタイミングをあわせる意図であれば適切ですが、イラストの職員は違いますね。

「立ちますよ。1、2の3」と利用者さんを意識したかけ声で移乗している

利用者さんの持っている「立つ力」を利用しながら、移乗介助をしています。利用者さんが立ち上がろうと力を入れるタイミングを見計らって、こちらも介助します。双方がタイミングを合わせるには、このようなかけ声だと上手くいきやすいでしょう。

Chapter 10 リビング 夕方の時間帯［グループホーム］

Check_4 「ちょっと待って」

不適切ケア

認知症ケア

利用者さんに「ちょっと待って！」と不機嫌そうに答えている

　介護現場の不適切ケアでは、この「ちょっと待って」がもっとも多いと言われています。それだけ、使わざるを得ないのが現状だと思います。ですから、絶対に言ってはいけないとは言いませんが、できるだけ適切な使い方をしてみることからはじめませんか。このイラストのように、不機嫌そうに言うのはやめましょう。

利用者さんにどれくらい待ってほしいかを丁寧に伝えている

　「ちょっと待って」を使うときには、どのくらい待っていて欲しいかを伝えましょう。「これとこれが終わってから」のような言い方でもかまいません。
　そして、言っていたより長く待たせてしまったとしても、戻ってきてください。認知症で忘れてしまう利用者さんだったとしても、その誠実さが信頼関係やラポールを築きます。

Check_5 居室の目印

 認知症ケア 環境づくり

自分の部屋がわからずにウロウロしている利用者さん

認知症になると、見当識障害によって場所がわかりにくくなります。病気が進行すると、毎日見慣れている場所でも迷ってしまいます。

居室のドアはどれも同じような色・形なので自分の部屋を見つけるのは大変です。できる範囲で、わかりやすくなる工夫をしましょう。

自分の部屋がわかるように愛犬の写真が貼ってある

ドアの色・形が同じでも、部屋に名前の書いてある表札をつけたり、利用者さんのなじみのある物・人・風景などを目印として飾っておくとよいでしょう。

大好きな野球チームのマークや推しの有名人のポスター、好きな花やペットの写真などもおすすめです。

Chapter 11 玄関 送迎（到着時）

デイサービス・デイケア

デイサービスの朝の送迎の様子です。
バスを降りて、建物の中に行こうとしています。
イラストのなかに、不適切な点が5つありますので
見つけてください。

送迎のポイント

　送迎のポイントは、なにより利用者さんたちを安全に送り届けることです。送迎に行く順番やバスの中の席順などにも配慮する必要があります。
　利用者さんのなかには、まだデイサービスに慣れていない方や通うことに納得していない方もおられます。そうした気持ちに寄り添い、病気や障害により起こってくる症状を理解してかかわることが求められます。また、ご家族に対しても、個別の事情にできるだけ配慮しましょう。
　最初は難しく感じるかもしれませんが、ケアプランにデイサービスに行く理由が書かれているので、目を通しておくとよいですね。

答え

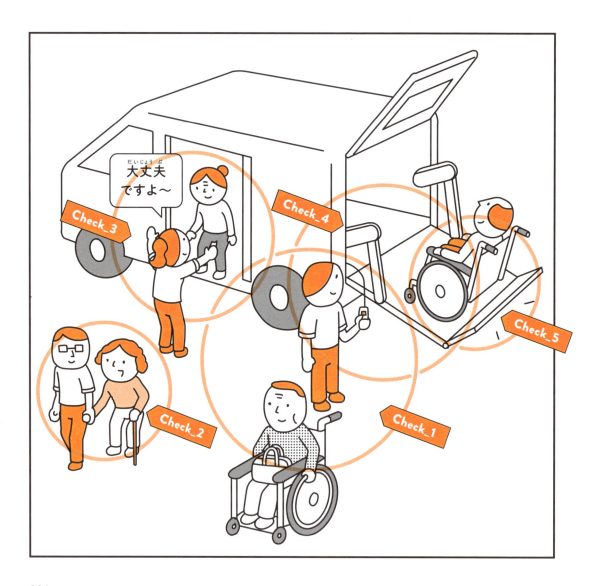

Check_1 後ろからの声かけ

介護技術

認知症ケア

利用者さんに後ろから大きな声で話しかけ、驚かせている

荷物を渡したかったのでしょうか。「〇〇さ〜ん」と、利用者さんの後ろから声をかけて、驚かせてしまっていますね。

特に認知症の人の場合は、ご本人が混乱するきっかけになるので、後ろから声をかけないようにしましょう。

利用者さんには後ろから声をかけない

利用者さんに声をかけるときは、視界に入ってから、話しかけるようにします。

また、車から降りる際に、利用者さんに荷物をお渡しすれば、車椅子で自走できる方は、膝の上に乗せて、ご自身で持っていけますね。ちょっとしたことですが、朝の忙しい時間には助かることです。

Check_2 手引き歩行

 介護技術   自立支援   リスクマネジメント

どこかよくないの？ ×

こうしてみよう！ ○

歩くペースが速すぎて利用者さんがついていけない

朝の送迎では、いろいろやらないといけないことがあって、急いでしまう気持ちもわかりますが、手引き歩行は、利用者さんのペースにあわせないと危険です。

また、顔も見ないでさっさと前を歩かれると、気持ちが不安になるかもしれません。急がせた結果、転倒させてしまうということもあり得ます。

利用者さんのペースにあわせて手引き歩行をしている

手引き歩行する際は、利用者さんと時々顔を見合わせながら、ペースをあわせて歩きましょう。

時間がかかるという理由で、安易に歩ける方を車椅子で移動させてしまうこともあります。しかし、歩くことはリハビリにもつながりますので、できるだけその方のペースで歩くようにしましょう。

Check_3 脳の誤作動

 介護技術
 認知症ケア

怖くてバスから降りられない認知症の利用者さんに、横側から声をかけている

認知症による脳の誤作動で視覚や認識にトラブルを抱えている人には、目から取り入れた情報を脳内で三次元に変換するときに、実際とは違って見えてしまうことがあります。

このイラストの方のように、バスの下が深い谷のように見えていたら、いくら職員が「大丈夫」と言っても、信じることができず怖いだけです。

怖くてバスから降りられない認知症の利用者さんの前に立ち両手を広げて安心させている

認知症の人は、黒い床マットが穴に見えたり、段差を崖のように感じることがあります。このようなときは、声をかけるだけでなく、ジェスチャーを交えると安心感が増すでしょう。例えば、このイラストのように、「受け止めますよ」と両腕を広げて、職員が立っている姿を見せれば「こんなところに崖があるはずがない」と判断していただけるはずです。

Check_4 リフト操作

リスクマネジメント

バスのリフトを操作中によそ見している

リフトに車椅子の利用者さんを乗せて動かしているときに、職員が他の利用者さんの方を向いてよそ見しています。

リフトは、車椅子ごと転倒するリスクもあるので、操作中は絶対に目を離してはいけません。

リフトの操作に集中している

バスのリフトに限らず、介護用のリフトを動かしている間、職員はリフトに乗っている利用者さんから目を離さずに、正しく、安全に操作することに集中しましょう。

その他の介護用機器も、使用上の注意を守って使ってください。

| Check_5 | リフトのストッパー |

リスクマネジメント

利用者さんを乗せたリフトのストッパーが下がっている

　バスリフトには、横にも転倒防止のバーがついていますし、後ろも跳ね上げるストッパーがついています。どちらも、リフトに乗っている利用者さんの転落防止のためについているのです。操作する際は、必ずストッパーが上がっていることを確認してから動かしましょう。

利用者さんを乗せたリフトのストッパーが上がっている

　利用者さんをリフトに乗せる際は、まず、横のバーと後ろのストッパーが上がっているか、確認しましょう。
　それから車椅子をリフトの方に移動させ、車椅子のブレーキをかけてから、リフトを動かします。慣れると、おざなりになりますので、初心を忘れないでください。

Chapter 12 デイルーム
朝の時間帯

デイサービス・デイケア

デイサービスの朝のデイルームの様子です。
活動に入る前に、バイタルチェックなどをしています。
イラストのなかに、不適切なかかわりが5つあります。
見つけてください。

朝の時間帯のポイント

　朝のデイサービスは、やることがたくさんあります。着いたばかりの利用者さんにお茶を出したり、バイタルを測定して、その合間にトイレにお連れします。さらには、入浴やレクリエーションの準備などもしなければなりません。

　そんな慌ただしい雰囲気のなかで、落ち着いて座っていてくれない利用者さんがいると、職員もつい大きな声を出したくなってしまうこともあるでしょう。ですが、利用者さんが帰りたくなってしまうような対応はいけません。ここにきて楽しかったな、また来たいなと思ってもらえるようなかかわりや工夫を心がけましょう。

答え

Check_1 「座（すわ）ってて」

不適切ケア

認知症ケア

Chapter 12 デイルーム 朝の時間帯 [デイサービス・デイケア]

立ち上がった利用者さんに「座ってて！」と威圧的に言う

「座ってて」という言葉は、「ちょっと待って」と同じく、できれば使いたくない言葉ですね。

このイラストのように、頭ごなしに怖い顔で威圧的に言ってしまうと、スピーチロック（言葉による心身の拘束）という虐待につながりかねませんのでやめましょう。

利用者さんに、今日1日のスケジュールを説明をする

何もやることがなく、待たされていると、立ち上がって歩き出す利用者さんもいるでしょう。

朝はまず、皆さんに対して、1日のスケジュールを説明してはいかがでしょうか。次は何をするのか、心づもりできれば安心です。忘れてしまうかもしれないので、スケジュールは見えるところに貼っておくとよいでしょう。

103

Check_2 職員が慌てている

環境づくり

認知症ケア

職員が忙しそうにバタバタ走っている

　広い施設だと、急いでいるときに走ってしまうことがあるかもしれません。ですが、職員がみんな走り回っているところで、利用者さんたちは、落ち着いて過ごすことができるでしょうか？
　職員の言動も、利用者さんにとっての環境の一部です。特に認知症の利用者さんには悪影響だということを理解しましょう。

忙しいときでも、職員は落ち着いて歩いている

　バタバタ走る足音も、職員同士の伝達事項を大きな声で話すことも、利用者さんたちには不快な雑音になります。職員がたてる物音や話し声は、自分たちが思うよりも大きいものだと思ってください。利用者さんたちに、なるべく悪影響を与えないように、急ぐときでも、落ち着いて歩きましょう。

Check_3 血圧測定

介護技術

不適切ケア

認知症ケア

デイに来たばかりの利用者さんの血圧を測定している

　デイに来たばかりで、まだ息が上がっている（運動の後）ような利用者さんの血圧を測っても、正しくは測れません。利用者さんの血圧を正確に測ることは、体調を正しく判断するために必要です。一息ついてもらってから測るようにしましょう。

デイに来たら、まずはお茶を出して、利用者さんにゆっくりしてもらう

　朝は忙しいからといって、職員の都合だけで物事を進めるのは間違いです。正しくバイタルを測るためにも、一息ついてもらいましょう。

　例えば、先にお茶を飲んでいただいたり、他の利用者さんから先に測るなどの段取りを考えましょう。

Check_4 体温測定

不適切ケア

乱暴に体温計を利用者さんの脇に突っ込んでいる

いくらバイタルチェックのためだとしても、いきなり利用者さんの洋服の中に手を突っ込んだり、冷たい体温計を脇に押し当てるのはマナー違反です。当たり前のことですが、お声かけをしてから測らせてもらいましょう。

最近は、おでこや手首で測るデジタル式の体温計も増えてきました。そうした体温計を使うのもよいですね。

利用者さんに了承を得てから体温計を脇にはさんでいる

利用者さんに話しかけて、何をするのか説明して、安心してもらってから体温を測っていただきましょう。特に認知症の人に対しては、こうしたかかわりが大切です。

測り終わったときにも「平熱ですね。今日もお元気でよかったです」などと、朝の健康チェックをコミュニケーションのきっかけに使ってください。

| Check_5 | 認知症の人を試す |

不適切ケア

認知症ケア

認知症の人に「名前言ってみて」と試すようにして聞いている

　この職員は悪気なく、認知症の人が自分のことを覚えているか確認するために「名前を言ってみて」と聞いたのかもしれません。しかし、認知症の人からすると、デイに着くなり記憶力を試されたようで、不愉快に感じることでしょう。このような当事者の思いも想像してみてください。

認知症の人に「おはようございます」と普通に挨拶している

　利用者さんが職員の名前を覚えているかどうかは、それほど問題ではありません。覚えていなくても、職員が挨拶をして、毎回名前を名乗ればよいだけです。
　記憶力を確認する必要があるなら、本人の了解を取って、認知症スケールなどを用いて行いましょう。

Chapter 13 デイルーム レクリエーション

デイサービス・デイケア

デイサービスでレクリエーションを行っているイラストです。
よりよい活動にするための改善点が5つあります。
見つけてください。

レクリエーションのポイント

　毎日のレクリエーションを計画して準備するのは大変なことですね。ここでは、レクリエーションを実施している場面を取り上げていますが、計画の段階から考えておかなくてはならないこともいろいろあります。
　参加する利用者さんにあわせて、いかに楽しく、安全にレクリエーションを行うかという視点がもっとも大切になります。利用者さんに楽しんでもらうには、自分も楽しみながら行うことが、意外に重要な秘訣になります。

Chapter | 13 デイルーム レクリエーション ［デイサービス・デイケア］

答え

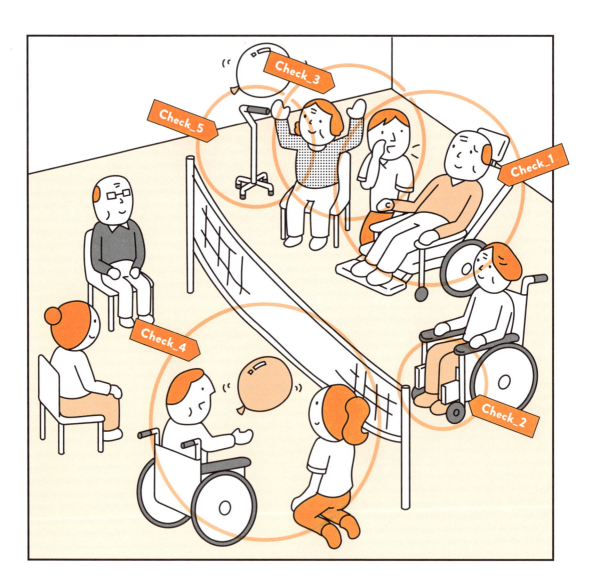

> **Check_1** レクリエーションのレベル

介護技術

認知症ケア

Chapter 13 デイルーム レクリエーション［デイサービス・デイケア］

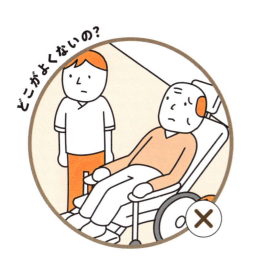

リクライニング車椅子の利用者さんがレクリエーションに参加できず、放っておかれている

リクライニング車椅子の利用者さんが参加していますが、麻痺で身体が動かないということもあり、つまらなそうにしています。

風船バレーは、比較的どなたでも参加しやすいレクリエーションですが、その方が楽しめる活動かどうかを考えて誘ってください。

リクライニング車椅子の利用者さんもレクリエーションの雰囲気を楽しんでいる

理想を言えば、1人ひとりにあわせたレクリエーションを提供できるとよいのですが、人手も限られているので、実際には集団で行うことも多いと思います。

直接レクリエーションに参加できなくても、その方が好きな活動であれば、雰囲気だけでも楽しんでもらえるよう、職員がサポートしたり、かかわりを工夫して参加してもらいましょう。

111

Check_2 車椅子のフットレスト

介護技術

リスクマネジメント

利用者さんの足が車椅子のフットレストに乗ったままで危ない

フットレストに足が乗ったままだと、立ち上がろうとして足に力が入ったときにバランスを崩してしまい、車椅子が倒れてしまいます。

レクリエーションが盛り上がってくると、立ち上がりができない方でも、足にグッと力が入ったりしますので、足はフットレストから下ろして、床についている状態にします。

車椅子のフットレストが上がっており、利用者さんの足が床についている

レクリエーションや体操をするときには、車椅子のフットレストは上げて、足を下ろし、床につくようにしておきましょう。

利用者さんが自分で足を動かしたときに、フットレストにぶつからないように、しっかり上がっているかも確認してください。

Check_3 **職員の参加態度**

リスクマネジメント

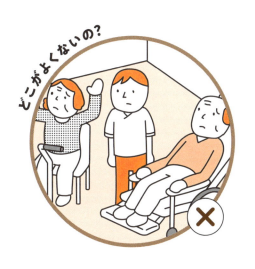

職員がレクリエーション中に よそ見をして、集中していない

　レクリエーションの時間は、利用者さんに楽しんでもらえるように、声をかけたり、安全に配慮する必要があります。よそ見をしている間に転倒などが起こったら大変です。

　また、レクリエーションが盛り上がってくると、利用者さんたちも普段と違う動きをすることがあります。注意して見守りましょう。

職員もレクリエーションに 参加して盛り上げる

　レクリエーションをしている利用者さんを見守りながら、より盛り上がるように応援しましょう。

　せっかくならば職員もレクリエーションに参加して楽しめば、一体感も生まれ、利用者さんからも喜ばれます。ただし、その際は少し手加減することも忘れないでください。利用者さんが楽しめるようにかかわってくださいね。

Check_4 参加者への目線と声かけ

不適切ケア

認知症ケア

職員が立って、利用者さんを見下ろすようにして話しかけている

このイラストのように、職員が立って座っている利用者さんに話しかけると、利用者さんは見下ろされていると感じ、威圧感を覚えます。

レクリエーションの種類によって違いますが、「仕事中だから座ってはいけない」という認識があるとしたら、それは間違いです。「仕事として座る」ことも意識してみてください。

職員もレクリエーションに参加し、利用者さんと目線をあわせて見守っている

一緒に目線をあわせてくれる職員がいることで、特に認知症の利用者さんは安心感を覚えます。目と目をあわせたり、声をかけあったりして、活動を支援しましょう。

このイラストでは、職員は床に座っていますが、何かあったときにすぐに動けるように、椅子に座って参加してもよいでしょう。

Check_5 杖の位置

介護技術

リスクマネジメント

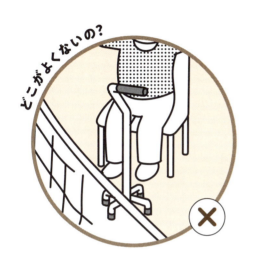
どこがよくないの？

こうしてみよう！

杖が利用者さんの足元にあり つまずいたり、倒れてぶつかる危険がある

　日頃、杖を使っている利用者さんは、常に近くに置いておかないと落ち着かないかもしれません。

　しかし、足がぶつかりそうな位置に置いてあれば、明らかに危険です。利用者さんに説明をしてから、レクリエーションの間は離れた場所に置かせてもらいましょう。

利用者さんの杖が 邪魔にならない場所に 置いてある

　レクリエーションのときは、足を動かしても当たらない場所に杖を置きましょう。また、職員は、風船バレーをしていて立ち上がる予想がつく人の近くにいましょう。立ち上がってふらついてしまったときには、杖の代わりに支える必要があるからです。

Chapter 14 食堂 食事支援・環境

デイサービス・デイケア

デイサービスでお昼ご飯を食べている場面です。
イラストのなかに、職員のかかわりや部屋の設えで、改善したほうがよい点が5つあります。
見つけてください。

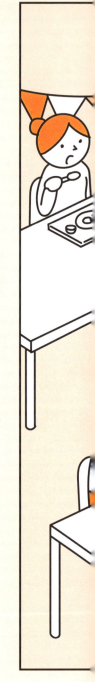

食事支援のポイント

　デイサービスには、さまざまな要介護度の利用者さんが通って来ます。そのため、それぞれのレベルに応じた食事支援をする必要があります。
　介助が必要な方でも、すべてを職員が行うのではなく、なるべくご自身で食べられるように自立支援に基づいたサポートを心がけてください。介助が必要ない方に対しても、見守りは怠らないようにしましょう。
　また、食事に集中できるような環境や、楽しく食べられるような雰囲気づくりをすることも大切です。

Chapter 14 食堂 食事支援・環境［デイサービス・デイケア］

答え

Check_1 食器

自立支援 介護技術

箸でうまく食べることができず食べ物をたくさんこぼしている

　自分で食べることができても、麻痺や拘縮などで、箸がうまく使えない利用者さんもおられます。その方の身体状況が原因で使えていないのか、認知症で食べ方がわからないのかによっても対応の仕方が違います。いずれにしても、そのまま介助しないのはいけませんね。

特殊皿やスプーンを使って利用者さんが自分で食べられるようにしている

　箸がうまく使えない利用者さんでも、取っ手が太くなっていて、握りやすく、口に運びやすいスプーンなら使えるかもしれません。
　麻痺があっても、片手でもすくいやすい皿など、適切な道具を使用すれば上手に食べられます。その人にあった道具を選んで、自立支援につなげましょう。

Chapter 14 食堂 食事支援・環境［デイサービス・デイケア］

Check_2 食事支援

自立支援
認知症ケア

どこがよくないの？ ✗

こうしてみよう！ ○

自分でうまく食べられない方にはじめから全介助で食べさせている

　麻痺のために思いどおりに腕を動かせない方や、認知症の方で食べ方がわからないなど、ご自身でうまく食べられない利用者さんがいます。

　だからといって、はじめから職員が全介助で食べさせてしまうと、その人の「できる力」を失わせてしまうかもしれません。なるべく自分で食べられるように職員がサポートしてください。

自分でうまく食べられない方に職員が手を添えてガイドしている

　うまく食べることが難しい方には、イラストのように職員が手を添えてガイドしてあげましょう。この方法は麻痺がある方や認知症の方にも使えます。

　認知症の方には、最初の2〜3口だけ手を添えてあげたり、食べ方を見せると、思い出す方もいるので、上手に食べられる利用者さんが見える席にするのもよいですね。

Check_3 食器の片づけ

介護技術

不適切ケア

Chapter | 14

食堂 食事支援・環境 ［デイサービス・デイケア］

どこがよくないの？ ✕

こうしてみよう！ ○

まだ食べている人が同じテーブルにいるのに断りなく食器を片づけている

　あなたも、まだ自分が食べているときに、次々とお皿を片づけられたら、まるで「早く食べろ」と急かされているようで、落ち着きませんよね。
　また、食器を片づけるときは、「片づけていいですか？」と一言、断ってからさげるようにしましょう。こうしたマナーも大切です。

まだ食べている人が同じテーブルにいるときは食器を片づけない

　まだ食べている人がいるときは、食器を片づけるよりも、他にできることを探しましょう。食事介助や見守り、今日のメニューについて利用者さんと話すことも介護の一環です。
　特にきざみ食やソフト食の方は、それが何かわからずに食べているかもしれません。説明するようにしましょう。

121

Check_4 職員同士のおしゃべり

リスクマネジメント

食事中に、職員同士の おしゃべりで盛り上がっている

　職員同士で話してはいけない、ということではありませんが、場所やタイミングを選びましょう。
　職員同士のおしゃべりは楽しいですが、仕事中ということを忘れないでください。楽しいおしゃべりの輪の中に利用者さんたちも入れるように心がけてください。

利用者さんと話したり、食事介助に集中している

　食事中は、誤嚥などの事故も起こりやすいので、利用者さんの様子を観察しながら、食事の邪魔にならないように話しかけてください。
　職員が話してもいいのです。聞いていただいて、楽しい雰囲気を作りましょう。
　食事は、誰と食べるのかということも大切な要素になります。一緒に食べたいと思われる職員になりたいですね。

| Check_5 | 部屋の設え |

環境づくり

保育園のような子ども向けとも思える部屋の飾り

季節の飾りや利用者さんが作成した作品を飾るのはよいのですが、折り紙などで、あまりにもかわいいものや、絵が子どもっぽいものだと、保育園のように見えてしまいます。利用者さんは、皆さん大人ですから、大人の空間になるように工夫してみてください。

落ち着いた絵や観葉植物を配置して、大人らしい部屋の設えになっている

答えのイラストでは、絵画や写真を額に入れて飾り、観葉植物も置いて、落ち着いた空間になっていますね。

利用者さんの作品（絵や書道など）を飾るときも、そのまま壁に貼るのではなく、きれいな紙の上に貼って掛け軸風にしたり、クリップを活用して、お店のようにおしゃれにするなどの一工夫をするとよいですね。

Chapter 15 浴室 入浴支援

デイサービス・デイケア

デイサービスの入浴場面です。
イラストのなかに、不適切な点が5つあります。
見つけてください。

入浴支援のポイント

　入浴は身体を洗って清潔にするだけではなく、日本人にとっては、お湯に浸かってリラックスすることも楽しみの1つです。そのため、シャワーのみの入浴文化の国から来た外国人介護職員にとっては、入浴介助は大変だと思うかもしれません。

　デイサービスに来る利用者さんは、家で家族が入浴介助することが難しい方が多く、デイサービスに来る目的が「入浴」ということもよくあります。皆さん楽しみにしているので、いかに気持ちよく、安全に入浴していただくかを大切にしましょう。

　また、入浴の際に、利用者さんの全身の観察をすることも重要なポイントです。

答え

Check_1 洗身の介助

自立支援 介護技術

はじめから全介助で職員が身体を洗っている

　洗身の介助は、職員が洗ってあげた方が、素早くきれいにできると思います。しかし、そうすると利用者さんの「自分で洗える力」を奪ってしまいます。
　ここで考えてほしいことは、利用者さんにとって入浴は、日常生活のなかのどのような時間なのかということです。効率よく身体を洗うだけの時間でしょうか。利用者さんの視点に立って考えてください。

できるところはご本人に洗ってもらい、それ以外のところを介助する

　まず、利用者さんがご自身で洗えるところは洗っていただきましょう。職員は、手が届かないところや、洗い方が不十分なところを洗ってあげてください。
　また、入浴は利用者さんの全身を観察できる機会でもあります。皮膚の状態、腫れやあざなどができていないかなども観察しましょう。

Check_2 シャワーチェア

環境づくり

リスクマネジメント

シャワーチェアに背もたれや肘掛けがない

　麻痺のある利用者さんの場合、身体のバランスを取ることが難しく、ちょっとバランスを崩せば、シャワーチェアから滑り落ちて転落しかねません。利用者さんの状態に合わせた福祉用具を使いましょう。

背もたれと肘掛けのあるシャワーチェアに座っている

　麻痺のある利用者さんは身体のバランスをとることが難しいので、背もたれと肘掛けのあるシャワーチェアを使いましょう。
　適切な用具を使っていても、放っておいてよいわけではありません。直接介助していないときも、近くで見守るようにしましょう。

Check_3　床の障害物

リスクマネジメント

利用者さんの進行方向にタオルが落ちている

　浴室は、床が濡れているので滑りやすく、リスクが高い場所です。
　石鹸やタオルなど、床に落ちた物がそのままになっていると、それを踏んだりして、利用者さんが転倒しかねません。デイサービスには、自分で歩ける方もいますので、注意しましょう。

利用者さんの進行方向に落ちているタオルを職員が拾っている

　自立度の高い利用者さんは、歩いて浴室から脱衣所に行くこともあります。職員は、浴室を安全な環境にしておくことを心がけましょう。
　ご自分でできることも多いですが、見守りながら、リスクがあったら（この場合は、落ちているタオル）取り除きましょう。

Check_4 リフト浴

環境づくり　リスクマネジメント

利用者さんがリフトの転落防止バーを上げていることに職員が気づいていない

　福祉機器は、年々進化しています。リフト浴の機械も、さまざまなタイプがありますので、活用していくのはよいことです。

　ただし、慣れて安全バーやベルトの着用を怠ったり、機械任せにして職員がよそ見をすると、事故につながりかねませんので、気を緩めないでください。

リフトの転落防止バーを上げようとした利用者さんに職員が注意を促している

　福祉機器は、使い方をしっかり理解して使いましょう。正しく安全に使えば、介護の強い味方になります。

　また、利用者さんにとっては、見慣れない機械かもしれないので、安心してもらえるように声をかけながら、利用するようにしましょう。

Check_5 利用者さんを急かす

認知症ケア

不適切ケア

「早くあがってください！」と浴槽に入っている利用者さんを急かしている

あなたも、気持ちよくお風呂に入っているときに、急かされたら嫌ですよね。利用者さんも同じです。

認知症の方のなかには、なかなか入浴してくれなかったのに、浴槽につかると、今度はあがろうとしない人がいます。何度も声をかけるうちに、つい強い口調になりますが、逆効果です。

「一緒に、あがろう」と別の利用者さんに声をかけてもらう

なかなかあがってもらえない認知症の利用者さん。そんなときには、どんなふうに声をかけたらよいでしょうか。

甘い物が好きな方ならば、おやつが準備してあると言うのがいいかもしれません。イラストでは、他の利用者さんに頼んで、声をかけてもらっています。これもいい方法ですね。

Chapter 16 居間 生活支援

ホームヘルプサービス

高齢者夫婦の家庭に、ヘルパーが生活支援で訪れました。夫は歩行器を使っており、妻は軽度認知障害（MCI）です。イラストのなかに、ヘルパーの行為や住まいの環境で改善すべき点が3つあります。見つけてください。

ホームヘルプサービスのポイント

　訪問介護は、在宅での介護を支える命綱と言っても過言ではありません。核家族化の影響で、高齢化だけでなく、単身世帯や高齢者夫婦のみの世帯も増え続けているので、その重要性はますます増しています。
　介護保険のベースには、必ずケアプランがあります。そして、ヘルパーはケアチームの一員としてサービスを提供します。ケアプランに掲げられた目標を忘れず、そのなかに示されている役割を意識して仕事に臨んでください。課題解決は、チームみんなで分担して行っていきましょう。

答え

Check_1 冷蔵庫内の整理

不適切ケア

認知症ケア

Chapter 16 居間 生活支援［ホームヘルプサービス］

冷蔵庫の中の食材を家族の了解を得ずにゴミ箱に捨てている

利用者さんが、食材の賞味期限が切れていることに気がつかずに食べてしまい、お腹を壊したらいけないと思い、親切心から捨ててあげようと思うかもしれません。

ですが、その食材の持ち主は家族です。ヘルパーが勝手に捨ててはいけません。認知症の方にも、ちゃんと確認しましょう。

賞味期限切れの食材を見つけ、妻に捨ててもよいか確認してから捨てる

おそらく、このご夫婦のケアプランには、冷蔵庫の中の整理も入っていると思います。

イラストでは、妻に確認して、了承を得ていますが、信頼関係ができていない段階では断られることもあるでしょう。その際は、無理に捨てようとせず、事業所の責任者やケアマネジャーに「今日はできなかった」と報告しましょう。

Check_2 動線の確保

環境づくり

リスクマネジメント

リンゴが入った箱が床に置いてあり、夫が歩行するときの邪魔になっている

　夫は歩行器を使っていますが、足元にリンゴの箱が置きっぱなしになっています。
　高齢者には、このような重い物を片づけるのは大変ですし、動線上に置いてあると、転倒のリスクにつながります。

リンゴは食べる分だけ出して、床に障害物がない

　夫が歩行器を使って安全に室内を移動できるように、床が片づけられています。
　高齢者だけで暮らしていると、できないことが増えてくるので、気がついたら片づけてあげましょう。
　片づける場所については、その家のルールにあわせて、確認しながら邪魔にならないところに置いてあげてください。

Check_3 トイレの設え

自立支援

環境づくり

Chapter 16 居間 生活支援［ホームヘルプサービス］

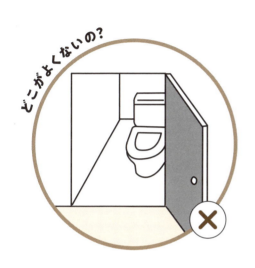

どこがよくないの？ ✕

こうしてみよう！ ○

トイレに手すりや便座カバーがなく真っ白で使いにくい

このご夫婦にとって、普通のトイレは使いにくいでしょう。歩行器を使っている夫は、トイレの立ち上がりのときに手すりがあった方がいいでしょうし、妻はMCIなので、便座の見分けがつきにくいかもしれません。

気づいたことをケアチームやケアマネジャーに伝えることもヘルパーの仕事です。

置き型の手すり（夫用）、はっきりした色の便座カバー（妻用）がある

ヘルパーは頻回に利用者さんの自宅にうかがい、コミュニケーションをとります。自宅での様子や体調変化にも気づきやすいので、気づいたことはケアマネジャーに報告・連絡・相談しましょう。

このトイレに関しては、ヘルパーが直接、環境調整をすることはありませんが、利用者さんの使い勝手を伝えることで改善につながります。

Chapter 17 — 居室 食事支援・環境

ホームヘルプサービス

要介護3で、利き手に麻痺があり、
自分で食事をとることが難しい方の食事介助の場面です。
イラストのなかに、ヘルパーの介助や住まいの設えで
改善すべき点が5つあります。見つけてください。

食事支援のポイント

　食事介助の基本は、施設も自宅も同じです。食事するときの姿勢やペース、食事形態などをその方にあわせるようにしましょう。要介護度が高い人の場合には、スプーンの運び方に、ちょっとしたコツがいります。

　利用者さんのご自宅ですので、その家のやり方にあわせることが基本ですが、訪問介護員として法律等で決められている仕事の範囲がありますので、頼まれたことをすべて行えるわけではありません。迷ったときは1人で抱え込まず、管理者やケアマネジャーに相談しましょう。

138

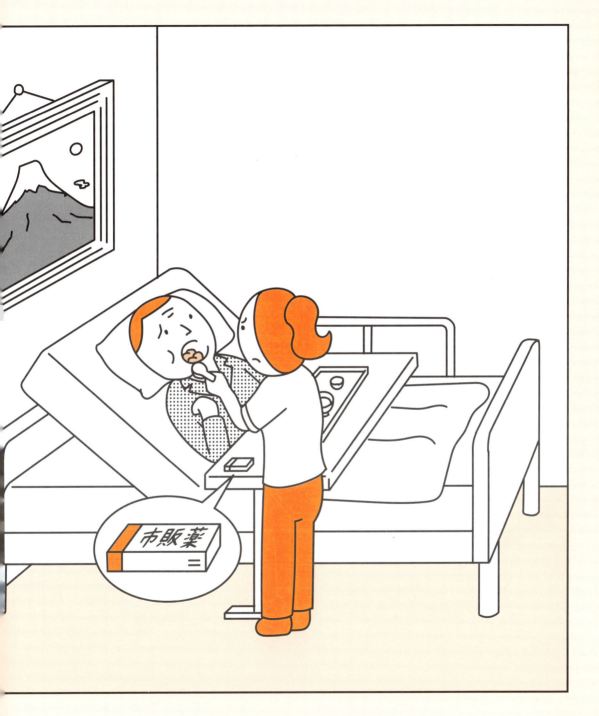

Chapter 17 居室 食事支援・環境 [ホームヘルプサービス]

答え

Check_1 食事中の姿勢

自立支援

介護技術

どこがよくないの？

こうしてみよう！

端座位がとれる利用者さんをベッドに寝かせたまま食事介助している

　座ることができる利用者さんを、ベッド上でギャッジアップして食事介助をするのはお勧めできません。ベッド上で上向きの姿勢で食べると、むせやすく、誤嚥しやすいからです。
　座って前かがみの姿勢が、食事に適した姿勢です。

端座位がとれる利用者さんを座らせて食事介助している

　かかとが床につくように、ベッドの高さを調整し、できるだけ座った姿勢で食べていただきましょう。
　動ける方であれば、ベッドよりも、食堂で背もたれや肘掛けのある椅子に座ってもらった方が、長時間の座位でも安定しやすく、自立支援の観点からも望ましいですね。

Chapter 17 居室 食事支援・環境 [ホームヘルプサービス]

Check_2 食事介助のペース

 介護技術   リスクマネジメント

口いっぱいに食べ物をつめこんでいる

　訪問介護では、限られた時間内で、決められた仕事内容を行う必要があります。そのため、つい急いでしまうこともあるかもしれません。ですが、利用者さんに食事をせかしてしまうと、誤嚥などの事故にもつながりかねません。

　食事介助に時間がかかるようならば、管理者やケアマネジャーに相談し、ケアプランを見直してもらってください。

飲み込むのを確認して適量を口に運んでいる

　利用者さんが、ごっくんと食べ物を飲み込むのを確認してから、次の一口を差しあげましょう。

　利用者さんによって、一口の量も違います。また、飲み込んでいても、口の中に残っていて、どんどんたまっていくようなこともありますので注意して見ます。食前におしゃべりや口腔体操をするのもお勧めです。

Check_3 食事介助の姿勢

リスクマネジメント

不適切ケア

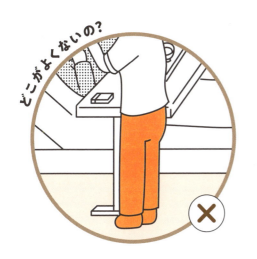
どこがよくないの？ ✕

こうしてみよう！ ○

ヘルパーが立ったまま食事介助をしている

　介助者が立ったままで食事介助すると、利用者さんは顎が上向きの状態で食べることになり、飲み込みにくく、誤嚥しやすくなります。

　また、上から見下ろされる体勢は、威圧感を感じます。病状により、やむなくベッド上で食事をとる場合でも、介助者が立って食事介助をするのはやめましょう。

ヘルパーが椅子に座って食事介助をしている

　ヘルパーも椅子に座って食事介助することで、利用者さんは顔がまっすぐになり、顎を引いて、食べる姿勢となります。つまり、呑み込みがしやすい姿勢で食べることができます。さらに、視線が同じ高さになりますので、利用者さんに安心感を与えます。ヘルパー自身も、座った方が落ち着いて介助できますね。

Check_4 絵画の位置

環境づくり

リスクマネジメント

どこがよくないの?

こうしてみよう!

頭上の壁に大きな絵が飾ってあり、危険

　絵を飾ることは問題ありません。問題は位置です。利用者さんは、自分で機敏に動くことができないので、万が一、地震などで絵が落ちると、とても危険です。

　管理者やケアマネジャーに伝えて、飾る位置を変えてもらうように本人と家族にお願いしましょう。

落ちても、ぶつからない位置に絵が飾ってある

　要介護者がいる家では、その利用者さんのハンディに応じた環境設定が必要になります。住宅改修をしたり、福祉用具なども活用して、できるだけ本人も家族も生活しやすいように環境設定しましょう。

　ヘルパーとして気づいたことは、ケアチームに伝えてください。

Check_5 服薬支援

リスクマネジメント

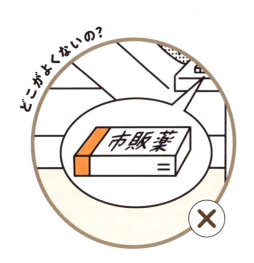
どこがよくないの？

こうしてみよう！

市販薬を飲ませようとしている

投薬について、ヘルパーのできることは限られています。たとえ家族に頼まれたとしても、医師に処方された薬以外は飲ませることができません。ましてや、自己判断で飲ませることは絶対にやめてください。副作用で取り返しのつかないことになりかねません。

一包化された処方薬を飲ませようとしている

最近では、ほとんどの薬局で、高齢者の薬を1回分ずつ透明の小さな袋に一包化してくれていると思います。

ヘルパーができる服薬介助は、薬の準備、服薬の声かけ、飲み残しがないかの確認をして利用者さんが正しく薬を飲めるように手伝う行為です。

| Chapter 18 | 脱衣所 入浴支援 |

ホームヘルプサービス

冬の日の、入浴介助の様子です。イラストの女性には、脳梗塞の後遺症で、左半身に軽い麻痺があります。ヘルパーの介助や脱衣所の設えで改善すべき点が3つあります。見つけてください。

冬の日の入浴介助のポイント

　施設と違い、自宅のお風呂はご家庭によってさまざまです。脱衣所がない間取りの家や、床がタイルで冬場はとても寒くなったり、浴槽が高くて跨ぐのが大変な浴室もあります。

　そのため、介護する家族が高齢の場合、入浴支援は大変な負担になります。さらに、一人暮らしの要介護者の方は入浴すること自体が難しくなります。

　こうしたさまざまな風呂場の状況と利用者さんの疾患や障害に応じて臨機応変に対応し、安全に入浴してもらうようにします。入浴前の準備（着替えの用意、バイタルチェック等）や更衣支援、室温や湯加減を確認することはもちろん、プライバシーに配慮したかかわりをすることも大切です。

答え

Check_1 羞恥心への配慮

不適切ケア

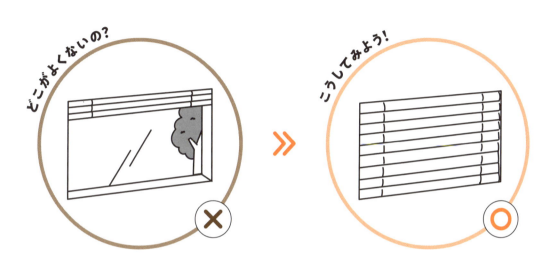

ブラインドが開いていて外から見られてしまう

　衣服の着脱をする前に、外から見えないように配慮する必要があります。覗かれたりしたら大変です。
　他人に裸をさらすことは恥ずかしいことです。利用者さんは、介護が必要になって、やむを得ず介護職には身を委ねてくださっていることを忘れないでください。

脱衣所のブラインドを閉めて外から見えないようにしている

　ヘルパーは更衣支援を行う際に、ドアが開いていないか、外から見られないかを確認してから行います。こうした配慮は施設・自宅問わず必要です。
　入浴場面だけとは限りませんが、もしも、ブラインドやカーテンが開いていたら、閉めてから更衣支援を行いましょう。プライバシーを守るために必要なことです。

Check_2 室温の寒暖差

環境づくり

リスクマネジメント

どこがよくないの？ ✕

こうしてみよう！ ◯

脱衣所が暖められていないため浴室との寒暖差がある

　冬の浴室で、最大のリスクの1つは、ヒートショックと呼ばれる現象です。ヒートショックとは、急激な温度変化により急激に血圧が上下することで、心筋梗塞や不整脈、脳出血や脳梗塞などの発作を起こすことです。
　脱衣所と浴室の寒暖差は、このヒートショックを起こしかねません。高齢者にとっては、大変危険な環境です。

脱衣所にファンヒーターがあり暖められている

　寒い場所で服を脱ぐのは嫌ですよね。浴槽のお湯をためるタイミングで、脱衣所もヒーターやエアコンなどで暖めておきましょう。温度計があれば、室温も確認できるのでいいですね。
　また、お風呂の扉を開けておけば、より寒暖差が少なくなるので、おすすめです。

Check_3 更衣支援

介護技術

上腕を無理に引っ張って服を脱がせている

利用者さんは脳梗塞の後遺症で麻痺があり、関節が固くなっています。仮に麻痺がなかったとしても、高齢になると関節が固くなるので、無理に腕を引っ張ってしまうと、痛みを伴うことがあります。

腕を引っ張らなくても、服を着脱する方法がありますので、脱がせ方や着せ方を学びましょう。

前開きの衣服の襟を引っ張り、肩から下へ袖を抜く

腕を引っ張って脱がせるのではなく、襟口から脱がせると、腕を引っ張らなくとも袖を抜くことができます。

この利用者さんは麻痺があるので、脱ぐときには麻痺のないほうから、着るときには麻痺側から更衣を行うことがポイントになります。

Chapter 19 浴室 入浴支援

ホームヘルプサービス

パーキンソン病の女性の入浴介助の様子です。
イラストのなかに、ヘルパーの介助の仕方や浴室に
改善すべき点が3つあります。見つけてください。

家庭のお風呂の入浴介助のポイント

　入浴支援では、安全に入浴してもらうことがもっとも大切です。入浴中に顔色や体調の変化がないかも確認しましょう。

　家庭のお風呂は家によってさまざまですので、利用者さんの状態に応じた福祉用具を上手に使って環境を整えましょう。お湯の温度の確認をしたり、シャワーチェアなどにもお湯をかけて温めておく配慮も必要です。

　身体や髪を洗うときは、いきなりお湯をかけずに声かけをしましょう。また、自分で洗える部分は自分で洗ってもらいます。

　浴槽に入るときは特に転倒に気をつけて、介護者がいつでも支えられるようにしてください。

　入浴後はゆっくり休んでいただき、水分補給も忘れないでくださいね。

答え

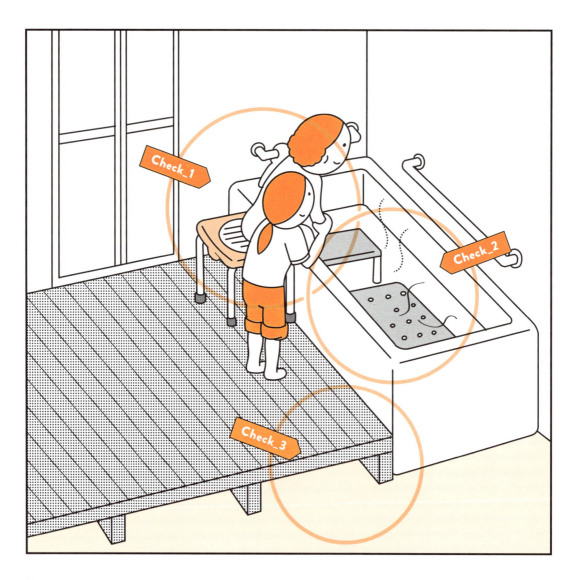

| Check_1 | # 苦手な動作をさせる

 介護技術　 リスクマネジメント

「反対を向いて座ってください！」

ヘルパーが、身体の向きを変えるように促している

　パーキンソン病の特徴として、立ったまま身体の向きを変えるといった、身体をひねることが難しくなることがあります。苦手な動作をさせることで、転倒リスクも高くなります。
　この浴室の場合には、シャワーチェアを置く位置と回転盤を使うことで、利用者さんに身体の向きを変えてもらわなくても浴槽に入れます。

回転盤とシャワーチェアを使って向きを変えて、浴槽に入る介助をしている

　パーキンソン病の人に対しては、できることとできないことを把握しながら、介助してください。
　同じ日の中でも、①季節・天候、②疲労、③心理的緊張、④薬などの影響で機能レベルが変動します。転倒のリスクが高い疾患ですから、身体の動きが悪いときにあわせた準備をしておきましょう。

Chapter | 19

浴室　入浴支援［ホームヘルプサービス］

Check_2 福祉用具の活用

 環境づくり リスクマネジメント

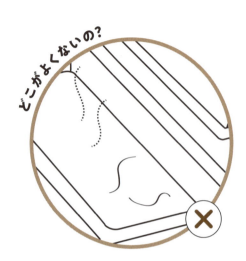
どこがよくないの？

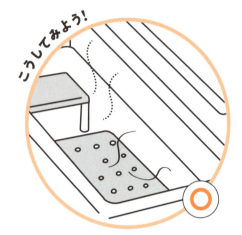
こうしてみよう！

湯船の中に福祉用具がなく、そのままで湯につかるようになっている

　家の環境設定は、ケアマネジャーや福祉用具を取り扱う専門職が行います。ただ、頻繁に家に行くヘルパーが細かい情報を伝達しておかないと、最適な福祉用具の選定ができません。
　この家の浴槽は深いタイプなので、入浴中に溺れるリスクもあります。ヘルパーが入浴時の様子を伝えて、適切な福祉用具を使えるといいですね。

湯船の中に、椅子と滑り止めマットが置いてある

　この家の浴槽は、深いタイプですので、浴槽内にも入浴用の椅子と滑り止めマットを置くのがよいでしょう。
　ヘルパーが入浴介助をするときだけでなく、家族が介助する場合にもよいですし、利用者さん本人も安心して湯につかっていただけると思います。

| Check_3 | # 浴槽との段差 | 環境づくり リスクマネジメント |

シャワーチェアと浴槽に段差があり、またぐのが大変

　家の浴槽が、このイラストのような据え置き式の場合、浴槽をまたぐときに、足を高く上げて、不安定な姿勢でまたがなくてはなりません。だからといって、高すぎるシャワーチェアは、足が床につかなくなるので危険です。床にすのこを敷き、椅子と浴槽の高さを少なくする工夫をしましょう。

床にすのこを敷いてシャワーチェアと浴槽の高さをそろえている

　すのこを敷くと、底上げができるので、シャワーチェアと浴槽の高さを合わせることができます。さらに回転盤を使えば、利用者さんは座った姿勢のままで足から浴槽に入ることができます。

　すのこはプラスティック製のカビにくい素材の物がありますので、ケアマネジャーに相談して環境設定しましょう。

おわりに

　介護あるある89のポイントは、いかがでしたか？

　介護の仕事って、大変だとよく言われますが、本当にそうでしょうか？　大変なことも確かにありますが、そればかりではありません。

　答えの「こうしてみよう！」で示した優れた実践をしている先輩たちは、「あなたがいてくれてよかった」「おかげで助かりました」「ありがとう」という感謝の言葉を日常的にもらっています。ときには、もうあまり話せなくなった高齢者と、家族が嫉妬するほど見つめ合い、微笑みを交わし、暖かい心の交流をしている人もいます。こんなに深く人とかかわる仕事はそうそうないと思います。

　私は、異業種から介護の仕事に転職しましたので、最初は慣

れないことやわからないことばかりで、大変なこともたくさんありました。また、教えてくれる先輩によって、少しやり方が違っていたりして、何が正解なのか悩むこともありました。

　はじめにこうしたことでつまずいてしまい、介護の素晴らしさに気づかないまま辞めてしまってはもったいないと思います。忙しい毎日だと思いますが、この本で、ゲームを楽しむようによりよい介護を学んでほしいと思います。

　この本を作るにあたっては、一般社団法人熊本県介護福祉士会の石本淳也会長と相談しながら、最新の介護の価値感や知見、技術に沿って書きました。外国人介護職員のなかには、国や文化による違いを感じる方もおられるでしょう。また、経験のある介護職員でも、アップデートされていない価値観のままだと、耳が痛い内容があったかもしれません。ぜひ、この機会に、新人職員とともに学んでいただき、よりよい介護現場を作っていきましょう！

　最後に、この本を出版するにあたり、本の着想から編集まで担当された中央法規出版の寺田真理子さま、監修を引き受けてくださった石本淳也会長に心から感謝いたします。稚拙な私を引っ張ってくださいました。また、一般社団法人熊本県介護福祉士会の皆さま、熊本県認知症介護指導者の会、檜扇の会、株

159

式会社ミタカ、桜十字福岡病院在宅支援センターの有志の皆さま、社会福祉法人熊本菊寿会の下山明子さま、社会福祉法人恵寿会の吉本洋さまには現場の事例提供だけでなく、執筆中も数々の励ましをいただきました。そして何よりも、支えてくれた家族に深く、深く感謝します。いつもありがとう！

2024年10月　永田美樹

監修者・著者紹介

監修者
石本淳也（いしもと・じゅんや）
介護福祉士、社会福祉士、介護支援専門員
一般社団法人熊本県介護福祉士会会長
公益社団法人日本介護福祉士会前会長
社会福祉法人リデルライトホーム施設長

介護職として特別養護老人ホームに入職し、その後、介護老人保健施設に転職。以降、居宅介護支援事業所管理者、総合相談支援室室長、通所リハビリテーションセンター長などを歴任。
2008年に一般社団法人熊本県介護福祉士会会長に就任し、2016年に史上最年少（44歳）で公益社団法人日本介護福祉士会会長に就任した（2020年まで）。
メディア出演など自ら表舞台に立ち、講義や研修を通じて、介護福祉士の仕事の魅力、やりがいを全国に広く発信している。

著者
永田美樹（ながた・みき）
社会福祉士、介護支援専門員、
バリデーションティーチャー、認知症介護指導者
apoyoアポージョ（支え）代表
社会福祉法人リデルライトホーム評議員

日本大学芸術学部卒業後、会社員を経て、認知症デイサービスや専門学校の非常勤講師をしながら、四国学院大学大学院（社会福祉専攻）を修了。高齢者施設の相談員、施設長、理事長などを歴任。兼務で300社以上の施設のコンサルタントや研修講師などを行ってきた。
その後、apoyoアポージョ（支え）を立ち上げ、コンサルティング・研修講師・執筆に力を入れる他、オンラインスクール、SNSを活用した無料介護相談、一般市民による認知症フレンドリーを伝えるミュージカルなどの活動も行っている。

 apoyoアポージョ ホームページ
https://www.apoyo-kaigo.jp/

まちがいさがしで
楽しく学ぼう！
介護あるある89のポイント

2024年12月1日　発行

監修者　石本淳也

著　者　永田美樹

発行者
荘村明彦

発行所
中央法規出版株式会社
〒110-0016
東京都台東区台東 3-29-1 中央法規ビル
TEL　03-6387-3196
https://www.chuohoki.co.jp/

アートディレクション
細山田光宣

デザイン
能城成美（細山田デザイン事務所）

DTP
橋本 葵（細山田デザイン事務所）

イラスト
大野文彰

印刷・製本
日経印刷株式会社

定価はカバーに表示してあります。
ISBN978-4-8243-0160-4

本書のコピー、スキャン、デジタル化等の無断複製は、
著作権法上での例外を除き禁じられています。
また、本書を代行業者等の第三者に依頼して
コピー、スキャン、デジタル化することは、
たとえ個人や家庭内での利用であっても著作権法違反です。

落丁本・乱丁本はお取り替えいたします。

本書の内容に関するご質問については、
下記URLから「お問い合わせフォーム」に
ご入力いただきますようお願いいたします。
https://www.chuohoki.co.jp/contact/

A160